Elogios a *O Livro Tibetano dos Mortos sem Mistérios*

"O lama Lhanang Rinpoche e Mordy Levine escreveram um livro fascinante, elegante, que elucida o renomado *Livro Tibetano dos Mortos* com uma linguagem simples, porém profunda, perfeitamente apropriada aos leitores contemporâneos. Eles revelam a sabedoria dos ensinamentos do grande mestre tibetano Padmasambhava, e explicam como viver e lidar com a inevitável morte, além de ajudar pessoas queridas que estejam prestes a morrer. Tanto os praticantes novatos quantos os experientes encontrarão neste livro uma oportunidade de transformação e crescimento."

ORGYEN CHOWANG RINPOCHE
autor de *Our Pristine Mind*

"O *Livro Tibetano dos Mortos sem Mistérios* é simplesmente um tesouro. Trata-se de uma introdução concisa e minuciosa a essa obra clássica. Contém orientações práticas sobre o que esperar e como cuidar dos entes queridos e de si próprio no momento da transição."

BRIDGETTE SHEA, LAc, MAcOM
autora de *Handbook of Chinese Medicine and Ayurveda*

"Este é um livro delicioso, que oferece a opção de não fugirmos do processo natural da morte, embora sem nos esquecermos de celebrar cada momento da vida. Que seus méritos se estendam por toda parte."

AL ZOLYNAS
professor zen

O LIVRO TIBETANO DOS MORTOS SEM MISTÉRIOS

Lama Lhanang Rinpoche
Mordy Levine

O LIVRO TIBETANO DOS MORTOS SEM MISTÉRIOS

Uma Introdução sobre a Sabedoria Atemporal do Budismo Tibetano para Compreender Melhor a Vida e a Morte

Tradução
Marcos Malvezzi Leal

Editora Pensamento
SÃO PAULO

Título do original: *The Tibetan Book of the Dead for Beginners.*

1ª edição 2025.

Editor: Adilson Silva Ramachandra
Gerente editorial: Roseli de S. Ferraz
Preparação de originais: Alessandra Miranda de Sá
Gerente de produção editorial: Indiara Faria Kayo
Editoração eletrônica: Join Bureau
Revisão: Erika Alonso

Dados Internacionais de Catalogação na Publicação (CIP)
(Câmara Brasileira do Livro, SP, Brasil)

Rinpoche, Lama Lhanang
O livro Tibetano dos mortos sem mistérios: uma introdução sobre a sabedoria atemporal do budismo tibetano para compreender melhor a vida e a morte / Lama Lhanang Rinpoche, Mordy Levine; tradução Marcos Malvezzi Leal. – 1. ed. – São Paulo: Editora Pensamento, 2025.

Título original: The Tibetan book of the dead for beginners
Bibliografia.
ISBN 978-85-315-2426-4

1. Estado intermediário (Religião) – Budismo 2. Morte – Aspectos religiosos – Budismo 3. Ritos e cerimônias fúnebres budistas I. Levine, Mordy. II. Título.

25-263455 CDD-294.34237

Índices para catálogo sistemático:
1. Morte: Aspectos religiosos: Budismo 294.34237
Cibele Maria Dias – Bibliotecária – CRB-8/9427

Direitos de tradução para o Brasil adquiridos com exclusividade pela EDITORA PENSAMENTO-CULTRIX LTDA., que se reserva a propriedade literária desta tradução.
Rua Dr. Mário Vicente, 368 – 04270-000 – São Paulo – SP – Fone: (11) 2066-9000
http://www.editorapensamento.com.br
E-mail: atendimento@editorapensamento.com.br
Foi feito o depósito legal.

"O passado é história. O futuro é mistério.
O momento presente é uma dádiva."

— LAMA LHANANG RINPOCHE

Dedicatória

Que todos os seres tenham felicidade e
as causas da felicidade.
Que todos os seres sejam livres do sofrimento
e das causas do sofrimento.
Que todos os seres se alegrem com o bem-estar dos outros.
Que todos os seres vivam em paz, livres
de ganância e ódio.

— AS QUATRO IMENSURÁVEIS

Sumário

Agradecimentos

Queremos expressar nossa enorme gratidão àqueles que ajudaram a tornar este livro realidade: Khandro Tsering Choeden, Maricruz Gomez, Alberto Garcia, Cynthia Orozco, Tom Seidman, Elizabeth Levine, Richard Harmon, Sondra Harmon, Catherine Scrivens, Sarah Stanton e Joe Kulin.

Introdução

Ninguém sabe quando será o próprio fim. Se vamos morrer sozinhos ou na companhia de pessoas amadas, de forma inesperada ou depois de uma longa doença, após uma vida longa ou breve, muitos de nós parecem mal preparados para o momento da morte.

Enquanto escrevíamos este livro, a pandemia de Covid-19 assolava o mundo. Milhões de indivíduos morreram em todo o planeta – mais de 1 milhão só nos Estados Unidos – e inúmeros faleciam sozinhos em hospitais, sem o consolo da família, dos amigos e de outras pessoas queridas por perto.

A pandemia de Covid-19 é um lembrete marcante de que nossa religião, situação econômica e pontos de vista não importam. No fim, somos todos iguais. Ninguém quer sofrer. Todos nascemos. E todos morreremos.

Na maioria das culturas contemporâneas do Ocidente, só se fala da morte (isso quando se fala) em voz baixa. Protegemo-nos, e a nossos filhos, de qualquer conversa importante a respeito do fim da vida ou do que acontece depois dela. Tememos a morte e, por isso, falar desse tema gera desconforto. Raramente esse é um assunto discutido de maneira franca.

A Medicina e a tecnologia ocidentais aperfeiçoam nossa saúde e podem salvar vidas em momentos críticos. Mas infelizmente também são usadas, às vezes, para afastar a morte à custa de um sofrimento emocional desnecessário ao paciente e à família.

Na maioria das culturas orientais, os idosos vivem em sua comunidade e no lar da família à qual pertencem. Conforme envelhecem, ganham respeito e apoio, e continuam fazendo parte da comunidade e da estrutura familiar. Vivem e morrem em casa, no seio da família e da comunidade.

A cultura ocidental de hoje tende a esconder os idosos em asilos ou centros de convivência, onde podem ser visitados periodicamente. Assim, no fim da vida, são relegados à atenção de cuidadores profissionais. As famílias se desesperam ante o estágio final da vida, em geral assoladas por medo, estresse, fortes emoções e quase nenhuma noção de como dar conforto e apoio à pessoa querida.

Não importa como nem onde passaremos nossos últimos anos, ou se veremos ou não a chegada da morte – ela tocará a todos nós. Mas não precisamos ter medo.

Como morremos

O processo da morte é diferente para cada um. Não há uma fórmula que explique como alguém "deveria" morrer, ou o que seria uma "boa" morte. Cada morte é única, e o que é mais apropriado para uma pessoa ou família talvez não seja para outra. A maneira como morremos e como as pessoas ao redor lidam com isso também é singular. As histórias a seguir exemplificam as diferenças do modo de lidar com a própria morte ou a de alguém que amamos.

TERAPIA INTENSIVA

Mamãe foi internada na UTI três semanas atrás, no meio da noite. Quem poderia ter previsto ou se preparado para isso? Pequena e fraca, ela tem consciência do ambiente ao redor, mas não consegue falar. Está mais fraca a cada dia. Pelas conversas que tivemos nestes anos, sabemos que o desejo dela era passar seus últimos dias em casa. Agora mamãe está cercada de aparelhos com bipes, tubos e profissionais de saúde. Está ligada a aparelhos, sem os quais não sobreviveria. Todos nós sabemos que seus dias estão contados. Queremos garantir que ela morra em paz, sem dor física ou emocional. Como podemos fazer isso agora?

EM CASA

Apesar do diagnóstico, meu marido se mantinha vivo havia anos, com medicamentos, meditação e exercícios leves. A morte, que parecia tão distante, chegou de fininho e dava a impressão de que se manifestaria em poucas semanas. Desaceleramos nossa rotina e mudamos o ritmo para garantir que meu marido fizesse sua passagem em paz e tranquilidade, perto dos entes queridos e da música e da arte que ele tanto amava. Um dia, depois de terminarmos uma recitação de suas poesias favoritas, ele fechou os olhos. Entendemos que, aonde quer que seu espírito ou consciência tenha ido, ele estava feliz, satisfeito e sem arrependimentos.

PERDA SÚBITA

Nossa irmã sempre foi acelerada em tudo. Desde que começou a engatinhar até o dia em que completou 32 anos, estava determinada a realizar tudo o que fosse possível a uma velocidade vertiginosa, não importando o que aparecesse à frente ou ficasse para trás. O acidente de carro foi apenas uma extensão de como ela levava a vida. Em certo momento, ela era nossa irmã, toda elétrica; de repente, não era mais. O boletim da polícia nos informou que ela permaneceu consciente por algumas horas antes de morrer por conta de uma concussão severa. Não tivemos chance de nos despedir nem de lhe dizer quanto a amávamos.

Essas experiências nos tocam. E, se você nunca esteve ao lado de alguém prestes a morrer, podemos lhe garantir que passar por esses momentos é algo mais intenso e prolongado do que você possa imaginar. É algo bem real.

Felizmente, com a expansão dos cuidados em lares para idosos, nossos entes queridos podem morrer com amor e dignidade. Os anjos cuidadores nessas casas, que tratam de nossas pessoas amadas, podem nos ensinar muito.

A morte poderia ser um evento comemorativo e empoderador? Será possível aproveitarmos a vida e, em consequência, nos prepararmos melhor para a morte quando ela se aproximar? *E se a morte pudesse se tornar verdadeiramente parte do ciclo da vida?*

O Livro Tibetano dos Mortos sem Mistérios compartilha uma sabedoria antiga acerca da morte sob a perspectiva do budismo tibetano, acessível aos leitores da atualidade, sejam eles budistas ou não. Se aprendermos a reconhecer a realidade da morte, poderemos viver de modo mais pleno, morrer em paz e ajudar os entes queridos a fazer o mesmo. Neste livro, esperamos compartilhar com você essa promessa.

Visão tibetana da morte

O budismo tem condições de nos preparar para a morte. Os budistas sabem que o modo como vivemos é o modo como morreremos.

No budismo tibetano, a perspectiva da morte é reconhecida nas práticas, nas preces diárias e nos ensinamentos que nos motivam a levar uma vida ética e feliz. E uma vida com alegria e gentileza nos permite abordar a morte com confiança e tranquilidade.

Os budistas almejam a morte como algo suave, natural e apaziguador, uma transição para nossa próxima experiência depois da vida. Para alcançá-la, é preciso praticar enquanto vivermos: na forma de meditação, contemplação e ação habilidosa sob a tutela de um mestre budista qualificado.

Se você estudar a morte, ela pode ser um evento transformador e libertador. Do contrário, pode ser muito difícil em termos emocionais.

Os pensamentos do Dalai Lama a respeito da morte

Sua Santidade, o 14º Dalai Lama, menciona com frequência a morte em seus ensinamentos. Ele assim escreve:

> Sendo budista, vejo a morte como um processo normal, uma realidade que aceito e sei que ocorrerá enquanto eu permanecer nesta existência terrena. Ciente de que não posso escapar, não tenho motivo para me preocupar com ela. Costumo encarar a morte como uma troca de roupas que estão velhas e puídas, e não como um fim. Entretanto, a morte

é imprevisível: não sabemos quando ou como ocorrerá. Portanto, é sensato tomar certas providências antes que aconteça de fato.

O Dalai Lama se prepara para o momento da morte e, por isso mesmo, não se preocupa com ela. Concordamos plenamente com essa visão de que podemos nos preparar para a morte; e, nessa preparação, podemos aprender a aceitá-la também. Neste livro, mostraremos como você é capaz de trabalhar agora com seu estado de espírito, levar uma vida significativa e, no momento da morte, iniciar um novo e feliz renascimento.

O Livro Tibetano dos Mortos

Entre os numerosos textos budistas que abordam o fim da vida, um dos mais lidos, ensinados e discutidos é *O Livro Tibetano dos Mortos*.* Os estudiosos acreditam que ele tenha sido elaborado no século VIII pelo grande mestre budista Padmasambhava e, depois, descoberto no Tibete central no século XIV.

O texto descreve práticas que preparam o adepto budista para a experiência que nos aguarda a partir do momento em que começamos a morrer, até nosso renascimento. À medida que nos tornamos mais realizados nessa preparação, o nível de confiança

* Publicado pela Editora Pensamento, São Paulo, 3ª ed. 2024.

ainda em vida, e conforme nos preparamos para a morte, aumenta. Por meio dessas práticas, vivenciamos também um sentimento de calma, compaixão e sabedoria.

Quando conseguimos incluir as práticas descritas por esse grande mestre na vida diária, a perspectiva da morte passa a ser encarada como uma oportunidade de empoderamento.

Lama Lhanang já ensinou as práticas de *O Livro Tibetano dos Mortos* a inúmeras pessoas pelo mundo afora, tendo testemunhado o impacto poderoso de tais ensinamentos na vida desses indivíduos, bem como na de seus entes queridos. O texto completo de *O Livro Tibetano dos Mortos* é fácil de encontrar, mas, para um leitor que não seja praticante budista avançado, ele pode parecer esotérico e inacessível. Este livro, por sua vez, apresenta conceitos compartilhados em *O Livro Tibetano dos Mortos* que tornam os ensinamentos fáceis para qualquer um que tenha a curiosidade de aprendê-los, que tenha coragem suficiente para vivenciar a existência em sua plenitude e se preparar para o fim dela.

O Apêndice A traz um breve resumo dos tipos de práticas presentes em *O Livro Tibetano dos Mortos*, mas você não encontrará neste livro o texto original completo, e, sim, ensinamentos extraídos da essência da obra, testados por gerações e continentes, e oferecidos com a intenção de aliviar o sofrimento e trazer mais alegria e paz.

O *Livro Tibetano dos Mortos* nos dá uma descrição de todas as fases que o ser humano vivencia no ciclo de nascimento, vida, morte e vida após a morte. Introduz o conceito da natureza de Buda – a natureza básica e fundamental de todos os seres sencientes. E, por fim, o grande mestre Padmasambhava apresenta muitas visualizações, preces e práticas às quais os adeptos avançados podem recorrer para orientar uma pessoa que está prestes a morrer em seu processo de morte e vida após a morte, permitindo que sua consciência tenha um renascimento auspicioso, ou vá para a Terra Pura.

Oferecemos este livro aos iniciantes nas práticas e nos ensinamentos budistas para a vida e a morte, com base em *O Livro Tibetano dos Mortos*, de modo que qualquer pessoa interessada alcance calma e confiança quando a morte se aproximar dela ou daqueles por ela amados.

E, tão importante quanto, qualquer pessoa pode utilizar esses ensinamentos para ser mais feliz enquanto vive. Este livro é escrito para nos orientar a viver com alegria. O resultado natural será, no final, morrermos em paz.

Desejamos que esta obra permita o acesso de pessoas de todas as religiões a esses preciosos ensinamentos e práticas. Afinal, nos eventos de vida e de morte, somos todos iguais.

Como diz o Dalai Lama: "Quando vejo pessoas sorrindo, sinto que são meus irmãos e irmãs; sete bilhões de seres humanos, nossos irmãos e irmãs".

Esperamos que este livro traga um grande benefício a você e àqueles que ama.

Capítulo 1

Karma – Como Vivemos e Como Morremos

"Se um homem fala ou age com o pensamento puro,
a felicidade o acompanha como
uma sombra que jamais o deixa."

— BUDA, DO *DHAMMAPADA*

Você não precisa ser budista para acreditar em karma, também conhecido como Lei de Causa e Efeito.

O modo como falamos ou agimos neste momento determina nossa experiência no momento seguinte. A maneira de viver hoje impacta a vivência do amanhã, do dia seguinte, das semanas, dos meses e dos anos seguintes, e, se você acredita em renascimento, das vidas futuras.

Se formos capazes de amar incondicionalmente, o amor chegará até nós. Quando a flor cresce, abelhas e borboletas vêm e a desfrutam. Quando abrimos o coração, todos querem se aproximar de nós. Quando o fechamos, ninguém quer nossa companhia.

O karma não mente, e não podemos fugir dele. Se quer mesmo conhecer seu karma, olhe-se no espelho. O que somos hoje resulta do que fizemos na vida até o momento. Nosso karma no futuro é determinado pelo que pensamos, fazemos e dizemos agora.

Como o karma funciona

Há muitos livros e ensinamentos dedicados a explicar a natureza complexa do karma. Compreendê-lo é imprescindível se quiser ver a relação entre o momento presente e o fim da vida.

Nossas ações geram consequências. E, quando falamos de *ação*, nos referimos à ação física, à fala ou ao pensamento.

As consequências em nossa vida virão na forma de hábitos criados com base em ações. No futuro, encontraremo-nos no mesmo tipo de ambiente em que as ações ocorreram antes. E, por fim, receberemos essas ações, também.

As consequências habituais têm a ver com nossa mentalidade e nossas ações. Já as consequências ambientais se relacionam ao ambiente à nossa volta. E as consequências pessoais estão ligadas às circunstâncias.

Eis alguns exemplos:

Se formos generosos com uma pessoa, três podem ser as consequências:

1. Seremos generosos de novo no futuro (consequência habitual).
2. Estaremos em um ambiente em que as pessoas são generosas (consequência ambiental).
3. Receberemos a generosidade de alguém no futuro (consequência pessoal).

Se neste momento um colega ou uma pessoa amada falar conosco de um jeito que nos deixe zangados, três podem ser as consequências:

1. Ficaremos zangados em uma situação semelhante no futuro (consequência habitual).
2. Estaremos em um ambiente em que as pessoas à nossa volta se sentem zangadas (consequência ambiental).

3. Cairemos em uma situação em que os outros ficarão zangados conosco (consequência pessoal).

Todo pensamento, fala ou ação de nossa parte, que ocorra como reação ao que acontece conosco ou à nossa volta, cria karma, uma consequência.

Nossa intenção precede ou desencadeia nossos pensamentos, palavras e ações. Intenção é a base do karma. Boa intenção gera bom karma, e vice-versa.

Quando mudamos o mundo interior, por meio do pensamento, da fala e da ação, o mundo exterior ao redor reflete essas mudanças.

Quando sentimos o karma

Quando alguém sente os resultados de suas ações? Quando o karma se manifesta?

Sentimos os "frutos" de nossas ações a qualquer momento, que pode ser desde o instante seguinte até anos mais tarde, ou vidas futuras.

Usemos a analogia de plantar a semente de um legume em um campo. Quando ela germina? E qual será o gosto do legume?

Bem, depende de muitas variáveis, tais como o Sol, a terra, os fertilizantes, a qualidade da água, a quantidade de luz solar, quantidade de vezes que recebe água, momento em que foi plantada, se era semente grande ou pequena, quantas sementes foram plantadas, como era o solo e, por fim, em qual estação do ano foi feito o plantio.

Essas são algumas variáveis que determinam o resultado da semente plantada. As *sementes* kármicas em sua mente às vezes também amadurecem logo, mas em outras só germinam no futuro.

Como trabalhar com o karma

Sob a perspectiva budista tibetana, temos habilidade para purificar o karma negativo. Em outras palavras, podemos trabalhar no sentido de diminuir as consequências danosas de ações negativas passadas. As práticas de purificação são um foco importante de entoações e preces nas escolas tibetanas de budismo. Entre elas, estão a meditação, o reconhecimento ou admissão de ações que criaram o karma negativo, o remorso e a intenção de não repetir no futuro as ações que causaram esse tipo de karma. Embora possamos ler a respeito ou assistir a vídeos sobre essas atividades, aprendemos melhor as práticas de purificação do budismo tibetano com o contato direto com um mestre qualificado.

Mesmo que não tenhamos aprendido as práticas tradicionais, podemos diluir o karma negativo, desde que pratiquemos mais ações positivas e menos ações que criem consequências negativas.

Como já mencionamos, o que vivenciamos hoje na vida é resultado de todas as nossas ações até este momento. Além disso, o modo como lidamos com as atuais consequências à nossa volta determina o futuro. Portanto, de certa maneira, a partir deste momento, todos nós criamos nosso karma!

Entretanto, cientes disso, muitas pessoas usam o karma para pôr a culpa em si mesmas ou nos outros. Essa atitude pode ser contraproducente e, em muitos casos, falsa. O melhor exemplo é culpar hoje indivíduos ou grupos de pessoas por algo que possam ou não ter feito em vidas passadas. Só podemos nos considerar responsáveis por ações que praticamos nesta vida. Identificar ações que possam ter sido cometidas por alguém em vidas passadas é quase impossível e só resulta em danos.

Precisamos analisar o que podemos controlar: o presente e o futuro. Nosso futuro não é predeterminado. Somos nós que o determinamos.

Nas palavras do Buda extraídas do *Dhammapada*: "Vocês mesmos devem se empenhar; os Budas apenas apontam o caminho".

Plantamos *sementes* kármicas em nosso campo de consciência a cada ação que realizamos, e essas sementes amadurecem em ritmos diferentes, com força diferente e de maneiras diversas. Nossa intenção e a força dela são a base do karma.

Além disso, não temos uma conta kármica independente e única, como uma conta bancária com saldo atual.

Possuímos várias contas kármicas em diferentes estágios de desenvolvimento. Só o que vemos em determinado momento são as sementes germinando naquele instante. Quanto às outras sementes ainda não germinadas – boas ou ruins –, não podemos vê-las. Elas brotam em ritmos e momentos diversos, e interagem.

É bom enfatizar sempre: não são só as ações físicas que criam karma. Por ações, entendemos as do corpo, da fala e da mente.

Se nossas intenções forem permeadas de amabilidade, gerarão karma bom. Se, porém, forem egoístas e arrogantes, criarão karma negativo.

Desenvolvemos hábitos do corpo, da fala e da mente que continuamos a reforçar, até conseguirmos romper com eles.

Cada dia de repetição de hábitos reforça os hábitos do dia seguinte. Se formos generosos e gentis hoje, e criarmos o hábito de tais ações, elas ficarão conosco amanhã e depois. Essa reação em cadeia continua até o momento de nossa morte; e, como veremos mais adiante, depois dela também.

A chave para transformarmos nossa vida é aquilo que fazemos neste momento – agora.

Capítulo 2

O Que Morre e o Que Renasce

Nosso corpo morre? Sem dúvida.

E o nosso cérebro? Claro que morre também.

E quanto à personalidade, à alma, ao espírito, à identidade, ao sentido de ser?

Antes de falarmos de morte e renascimento, precisamos saber o que morre. E, para quem acredita em renascimento, o que renasce.

O *self*

Comecemos com um exame daquilo que chamamos de "self".

Eis uma definição prática do *self*:

O *self* é quem pensamos que somos, com base nas histórias que contamos a nós mesmos. Desenvolvemos, nutrimos, protegemos e sustentamos nossa identidade com histórias sobre nós e o mundo que nos cerca.

Uma pergunta comum no budismo e em muitas religiões e filosofias é: "O *self* existe?".

E a resposta budista é: "Sim, existe, mas não do modo como pensamos ou agimos".

O *self* não é um "eu" sólido e permanente. É um sentido constantemente mutável de quem pensamos que somos, de um momento para o outro, dia após dia. Não é uma entidade fixa, concreta.

Muitas religiões creem em uma alma: uma essência subjacente perpétua, eterna, imutável. O budismo, não. Na verdade, o próprio Buda jamais disse que o *self* existe ou não existe.

Quando começou a ensinar o conceito de "karma", o Buda via as ideias de "self" ou "não self" como tipos de karma.

Ele definiu a criação e a sustentação do *self* – o hábito de contarmos histórias a respeito de nós mesmos – como ação. E ação cria karma.

Ser generoso é uma ação que cria karma. Ser perverso ou cruel cria karma. Do mesmo modo, a maneira como desenvolvemos nossa identidade ou o sentido do *self* também gera karma.

A pergunta, então, é: sob quais circunstâncias a ação de desenvolver o *self* cria karma positivo ou negativo?

O *self* e o karma

Eis três exemplos que ilustram como se cria karma com base na maneira de ver e apoiar o *self*.

SENSO DO *SELF* EM FAMÍLIA

John se vê como um bom pai e um bom marido. Ele tem certeza e se orgulha disso. As histórias que conta a si próprio sobre ser um bom pai e marido sustentam esse aspecto de sua autoidentidade.

A mulher e o filho de John, contudo, não o veem como bom pai ou bom marido quando ele grita com eles. Isso cria um conflito constante na família, com cada membro apegado de modo firme às próprias posições.

Quanto mais John se apoia no conceito de que é bom pai e marido, mais se apega a esse aspecto de seu sentido de *self*, e mais karma negativo acaba criando. Se ele tivesse a mente mais aberta a respeito da própria identidade, e pudesse levar em conta outras perspectivas, criaria karma positivo. Por exemplo, talvez conseguisse, de fato, ser um pai melhor. Talvez ele tenha até hoje uma visão muito limitada de si mesmo nesse aspecto. Se o modo de enxergar a si próprio difere de como os outros o veem, o que garante que sua opinião esteja certa, e a dos outros, errada?

SENSO DO *SELF* NA CARREIRA

Sumi tem o emprego dos sonhos: é cirurgiã no hospital em que trabalha há dez anos. Adora o emprego. Ele faz parte de seu ser. A forte visão de *self* que ela tem se entrelaça à carreira de cirurgiã. Na área da Medicina, muitos profissionais de saúde veem o trabalho como uma "vocação".

Certo dia, Sumi visitou uma paciente que tinha sido operada e foi um tanto abrupta. A paciente se magoou e disse aos outros que Sumi era uma péssima médica. Sumi, por sua vez, ficou chateada e com muita raiva. A opinião da paciente era um contraste gritante com a crença que Sumi tinha acerca de si própria e de sua identidade.

Caso Sumi enxergue que não foi a melhor profissional que poderia ter sido naquele momento, criará karma positivo. Mas, se estiver cem por cento convicta de que tudo o que fez foi perfeito e não pode ser melhorado, isso vai gerar karma negativo.

O apego que sustenta um senso forte de autoidentidade cria karma negativo. A consideração de visões alternativas do *self* ameniza esse apego da autoidentidade e cria karma positivo.

Podemos nos abrir a todas as possibilidades e a todas as opiniões sobre nós, sem nos ofendermos. Além disso, temos a liberdade de mudar de opinião a nosso respeito à medida que formos obtendo mais informações. Claro que podemos ter uma opinião sobre nós mesmos e os demais, mas não devemos nos apegar demais a ela, porque, se o fizermos, veremos como real algo que é ilusório e passível de mudança. O apego rígido à autoimagem gera fracasso e decepção, sobretudo se nos defrontarmos com uma opinião divergente.

SENSO DO *SELF* EM AMBIENTES SOCIAIS

José fica nervoso em situações sociais, o que lhe causa ansiedade. Repete a si próprio histórias (verdadeiras ou falsas) sobre como acha que ele é (ou deveria ser) em ambientes sociais. A ação de criar essas histórias sustenta a visão de sua autoidentidade.

Quanto mais José acredita no autodiálogo de "Sou um indivíduo tímido, reservado, que não se sente bem perto das pessoas", mais se apega a esse sentido do *self*. E, quanto mais ele se apega, maior é a resistência na hora de ir a eventos sociais ou evitá-los. Esse é um exemplo de criação de karma negativo.

O grau de conflito que José sente, ou a força de sua reação ao que acontece ao redor, é um reflexo da força que tem seu senso de *self*.

José não gosta dessa sua característica e resolve mudar de vida. Começa a frequentar eventos com apenas duas ou três pessoas. Promete a si mesmo conversar com pelo menos uma pessoa por vez. Procura ajuda profissional para vencer esse medo. Não importa o sucesso dessas tentativas; todos esses esforços sinceros criam bom karma.

SENSO DO *SELF* AO LIDAR COM O MEDO

Mari tem medo de altura, mas se esforça para reduzir esse temor. Com isso, ela enfraquece seu senso do *self* e para de se autoidentificar como alguém que vive com medo. Obriga-se a espiar pela janela do segundo andar do local de trabalho. Uma semana depois, abre a janela para ver melhor. Uma amiga a ajuda a entrar e a sair dos elevadores. À medida que melhora com esses pequenos passos, ela ganha confiança. Ainda tem medo, mas percebe o que é capaz de conquistar sozinha. Mari procura ajuda profissional para reduzir ou mesmo vencer esse temor. Esse é outro exemplo de como se criar um karma positivo.

Se Mari não enfrentasse esse medo, ou permitisse sua continuidade até ela piorar, isso só reforçaria sua identidade nesse aspecto. Esse seria um exemplo de criação de um karma negativo.

E, claro, esse aspecto da autoidentidade de Mari se forma e se fortaleceria com as várias histórias que contaria a si sobre seu medo. Agora, porém, essas histórias são mais fracas, menos verdadeiras e não fazem mais parte de sua autoidentidade.

Trabalhando com o sentido do *self*

O modo como vemos e reforçamos (ou enfraquecemos) o sentido do *self* cria karma.

Podemos avaliar nosso grau de apego ao analisarmos a força de nossas tendências ou hábitos.

E é possível avaliar o grau de força desses hábitos ao percebermos quanta resistência interna sentimos quando acontece algo que não se encaixa na visão de nosso *self*.

Observe sua reação ao que acontece com você ou ao seu redor. Uma reação forte que sustente o senso do *self* cria karma negativo.

Note os estímulos que criam um estado de espírito negativo. Uma reação forte a esses estímulos indica um apego maior à sua autoidentidade. Quanto mais forte for a sustentação da autoidentidade, mais negativo é o karma.

A boa notícia é que, assim como criamos o *self* e os hábitos, também podemos controlá-los.

Nosso *self*, nosso karma

Voltamos à pergunta: o que renasce?

O que renasce é a consciência que contém as impressões kármicas, ou os hábitos enraizados. As sementes kármicas que criamos são como impressões na consciência, uma espécie de memória.

A consciência contém o senso do *self*. É uma espécie de memória ou impressão que continua depois da morte.

Eis algumas situações comuns quando nos apegamos e contamos a nós mesmos histórias que sustentam nossa identidade e, por sua vez, criam karma.

O autojulgamento e o apego às perspectivas determinam se o karma será negativo ou positivo.

- Medo de altura.
- Apego ao dinheiro.
- Busca pela fama.
- Autoimportância.
- Aversão a eventos sociais.
- Medo do fracasso.
- Medo de intimidade.

O apego (ou a falta dele) a essas situações cria impressões que se reforçam (karma negativo) ou se enfraquecem (karma positivo) em nossa consciência, já que cada medo ou cada "fato" que “conhecemos” acerca de nós mesmos é uma visão que não corresponde à verdade.

Nas palavras do escritor Mark Twain: “Não é o que você não sabe que pode lhe causar problemas. É o que você sabe com certeza, mas está errado”.

Vejamos alguns exemplos de antídotos, na forma de pequenos passos, para reduzir o apego a essas visões que temos de nós mesmos.

> Apego ao dinheiro – doe pequenas quantias a instituições de caridade que você gostaria de apoiar. Dê qualquer quantia de dinheiro a alguém em situação de rua.
>
> Busca pela fama, autoimportância – faça trabalho voluntário em um abrigo para pessoas sem-teto ou de animais, ou em um hospital, ou qualquer grupo menos afortunado que você.
>
> Medo do fracasso – envolva-se em uma atividade que goste de fazer e não pense em avaliação. Dedique-se apenas a realizá-la, sem uma meta final. A atividade em si já será a própria meta. Com o tempo, você vai aprender a apreciar a atividade, e não o resultado final.

Esses pequenos passos podem não ser fáceis. Aliás, às vezes, são bastante difíceis, pois estamos rompendo e nos livrando de opiniões que tivemos sobre nós mesmos a vida toda. Mas é um esforço nobre e digno.

Não há uma resposta correta e única para começarmos a amenizar a visão que temos de nós mesmos, mas tentar aqui ou ali, agora e em pequenas doses, com certeza é um bom começo. E, claro, a ajuda profissional é sempre um reforço.

A consciência que contém essas impressões é o que continua depois da morte do corpo e do cérebro, até ela renascer em um novo corpo. Se reduzirmos os temores ainda em vida, teremos liberdade e confiança. O que é algo precioso. E, quando a morte se aproximar, teremos a certeza de que nossa consciência não está repleta de sementes kármicas de nossos medos ou preocupações. Criaremos, assim, hábitos benéficos. Manteremos a mente aberta. Saberemos que o mundo está em constante mudança; ele é transiente e ilusório, não algo que se solidifica. Permitiremo-nos a visão de nós mesmos através de diversas lentes. E, à medida que aprendermos a viver sob essa visão, tornaremo-nos menos vulneráveis ao medo e à ansiedade. Poderemos enfrentar qualquer coisa no caminho, com paciência e até alegria.

Capítulo 3

A Consciência Depois da Morte

Quando morremos, o corpo físico retorna à natureza. A morte é uma parte natural do ciclo da vida. Nascemos; portanto, devemos morrer.

Uma flor cresce bela, as sementes germinam depois que ela morre e dão continuidade ao ciclo de vida da flor. Do mesmo modo, depois que morremos, nossa consciência passa para a fase seguinte.

Conforme já mencionamos, os hábitos (karma) se integram à consciência e continuam nela. Hoje em dia, alguns cientistas concordam com a crença budista de que a consciência permanece viva depois que morremos. Indivíduos que vislumbraram a própria morte e a vida além dela falam de suas experiências. E, por causa dessas experiências, eles não temem mais a morte. Ela é apenas outra parte do ciclo da vida, e essas pessoas até anseiam pelo momento de se aproximarem da morte de novo. São nossas testemunhas, nossos precursores e também guias, mostrando-nos o que é possível para nós após a morte física.

Momentos depois da morte

Comecemos com os momentos imediatos após a morte, definidos em termos médicos como o instante em que o coração para de bater, resultando na cessação imediata da atividade cerebral.

Existem numerosas histórias documentadas de pessoas que vivenciaram a morte e voltaram à vida em poucos minutos. É o que se chama de "experiência de quase morte" (EQM).

As pessoas que passam por uma EQM:

- ouvem ou veem pessoas, enquanto a consciência flutua acima do corpo;
- veem uma luz no fim de um túnel;
- passam em revista as lembranças da vida inteira;
- veem uma figura divina.

Muita gente que passa por uma EQM descreve certo sentimento de alívio após morrer, quando a consciência deixa o corpo. Entre as várias experiências de quase morte estão a visão de uma luz dourada e/ou de seres luminosos.

Embora a descrição minuciosa das EQMs não seja o assunto deste livro, sabemos que, depois que o cérebro e o corpo param de funcionar, a percepção continua, como já foi documentado em milhares de casos de EQM.

Além dessas experiências profundas, grandes santos e mestres da meditação de diversas religiões contam que sua consciência se manteve perceptiva mesmo quando o corpo esteve morto por vários dias, e, em alguns casos, semanas, antes de voltarem à vida.

Os bardos

E quanto à vasta maioria daqueles que morrem e não retornam ao corpo, ou seja, permanecem mortos? Sob a perspectiva budista, a consciência vivencia um período transitório até renascer em um novo corpo.

As experiências nesse estado ou período até o renascimento são conhecidas como Estado Intermediário, ou *bardo*. Uma tradução apropriada para *bardo* seria "intervalo", um estado intermediário de existência entre a morte e o renascimento.

O *Livro Tibetano dos Mortos* não só descreve o que nos acontece quando morremos, mas também detalha o que podemos fazer para melhorar a experiência no bardo, além de nos preparar para um bom renascimento.

O termo *bardo* também serve para descrever qualquer intervalo na vida de uma pessoa. Por exemplo, pode ser uma referência a uma pausa para tomar fôlego, um período de férias, um ano de pandemia, ou um momento de mudança ou transição.

O budismo tibetano mapeia nosso ciclo de vida em termos de seis bardos (períodos). Os primeiros três bardos ocorrem em vida da seguinte maneira:

1. *Bardo desta Vida* – Período de vida que vivenciamos agora.
2. *Bardo do Estado de Sonhos* – Período em que dormimos e sonhamos.
3. *Bardo da Meditação* – Período em que meditamos.

Os três últimos bardos se referem aos períodos entre a morte e o renascimento:

4. *Bardo da Morte* – Período em que o corpo passa pelo processo da morte. Todos os elementos físicos do corpo se dissolvem, e só a percepção pura permanece. Nesse período, a mente pode ficar muito clara e se lembrar das ações positivas e negativas passadas. Sentimos paz quando nos lembramos das ações positivas e medo quando recordamos as negativas.

5. *Bardo da Luminosidade* – O corpo e o cérebro estão mortos. Vivenciamos sensações visionárias e auditivas, não muito diferentes do estado de sonho enquanto dormimos, ainda em vida. Pode haver aparições de fantasmas, demônios, deuses, bem como de um juiz de nossa conta kármica; tudo criado por nosso estado de espírito. Também pode ocorrer um "sentimento" de paz e uma percepção amorosa e intensa.
6. *Bardo do Tornar-se* – O tempo entre a entrada da consciência (karma) no ventre da mãe até o nascimento. A entrada no ventre da mãe resulta do hábito que a consciência tem de se apegar a um corpo físico em busca de identidade, ou de um senso do *self*.

Assim como em *O Livro Tibetano dos Mortos*, este livro se concentra em particular no quarto, quinto e sexto bardos, pois nosso desejo é nos prepararmos para a morte e o que vem depois desta vida.

O quinto bardo

O budismo tibetano ensina que a consciência pode ficar no quinto bardo por até quarenta e nove dias. Conforme já elucidamos, no quinto bardo lidamos com uma variedade de fenômenos, alguns semelhantes ao estado onírico que vivenciamos dormindo nesta vida. Como sabemos, no estado onírico, podemos ter sonhos felizes, pesadelos e tudo o que for imaginável entre um e outro.

Os ensinamentos budistas nos passam a ideia de que no sono os sonhos refletem nosso estado de espírito. Por exemplo, se antes de irmos para a cama assistimos a um filme alegre, é provável que teremos sonhos felizes. Se tivermos um dia difícil, estressante no trabalho, ou uma briga com uma pessoa querida, é possível que tenhamos uma experiência negativa de sonho.

No capítulo em que discutimos o karma, vimos que cada momento impacta o instante seguinte na vida. Assim como os momentos que antecedem o sono impactam o estado onírico, os períodos que precedem a morte também impactam a experiência no bardo.

Do mesmo modo, os sonhos sofrem impacto do nosso estilo de vida. Nossas tendências kármicas também impactam os sonhos. Se sentirmos raiva, ela se refletirá nos sonhos, e vice-versa. Se nos apegarmos de modo constante a lucros financeiros, poder, sexo ou amor, essa tendência influenciará nossa experiência ao sonhar.

Os adeptos do yoga dos sonhos são indivíduos que praticam a percepção durante o sonho, sendo capazes de controlar sua experiência com o yoga. O treinamento para essa habilidade inclui práticas de meditação que nos possibilitem controlar nosso estado de espírito quando acordados, mas também quando adormecidos.

As habilidades praticadas no yoga dos sonhos ajudam o praticante a navegar e a influenciar a experiência no quinto bardo, o Bardo da Luminosidade. Falaremos de algumas dessas práticas meditativas nos capítulos seguintes.

O modo como levamos a vida – o karma que criamos – determina nosso estado de espírito antes da morte, a experiência no bardo e nosso renascimento.

Preparação para os bardos

Como já vimos aqui, quando morremos, os hábitos kármicos integrados à consciência continuam no bardo. O grau de apego na tentativa de mantermos a autoimportância é determinante para a consciência no bardo.

Se vivermos com o objetivo de reduzir o apego aos medos, praticar a bondade em relação aos demais e compreender que a vida é transitória, esses efeitos se refletirão de maneira positiva em nossa consciência quando entrarmos no bardo. As experiências no bardo, portanto, não serão como um pesadelo.

De modo semelhante, nosso estado de espírito no bardo tem impacto no tipo de renascimento que teremos. Um momento repercute o outro, não importando onde estivermos no contínuo ciclo de nascimento, vida, morte e renascimento.

Capítulo 4

Como Influenciar Nosso Próximo Renascimento

Será que renasceremos em uma família que nos mostre amor e compaixão? Renasceremos em uma cidade rica, ou em uma região desoladora, ou quem sabe em um país em guerra? Seremos humanos ou animais? Podemos ter alguma escolha nessas questões?

Os grandes mestres budistas com muitos anos (ou vidas) de experiência são capazes de escolher sua família e seu local de renascimento. Antes de morrerem, muitos mestres, aliás, deixam uma carta e outras informações para seus pupilos explicando onde renascerão. Assim, com isso, os aspirantes poderão localizá-los após o renascimento. Com base nessas pistas, os pupilos procuram o antigo professor. Quando encontram um candidato que possa ser seu mestre renascido, testam a criança de diversas maneiras a fim de descobrirem se ela é o mestre. A criança pode então "prosseguir" com seus estudos budistas e continuar o trabalho de reduzir o sofrimento de todos os seres sencientes.

Um filme inspirador para aprendermos esse processo é o documentário O *Menino Errado*.* Um monge budista, Tenzin Zopa, é encarregado de encontrar seu professor, Geshe Lama Konchog, em sua nova encarnação.

O exemplo mais conhecido desse ciclo é a vida de Sua Santidade, o 14º Dalai Lama. Quando criança, ele foi identificado, testado e considerado a encarnação anterior de Sua Santidade, o 13º Dalai Lama.

Como os mestres budistas navegam pelo renascimento

Por meio de estudo intenso e da meditação, os mestres budistas treinam a mente para ser compassiva e desapegada, e acreditam piamente na condição de impermanência do mundo. Trabalhando com as práticas de O *Livro Tibetano dos Mortos* e outras fontes, ficam preparados para atravessar o bardo.

Eles não temem a morte. São capazes de controlar o próprio estado de espírito quando estão acordados a fim de evitar o apego,

* O título original, *Unmistaken Child*, é exatamente o contrário do que foi dado no Brasil, pois significa "A criança certa". (N. do T.)

a obsessão e o medo. Mantêm-se perceptivos enquanto dormem. E, quando morrem, esses mestres conseguem navegar pelo bardo com estabilidade e percepção, assim como faziam em vida.

Os grandes mestres encaram a morte como encaravam a vida: com compaixão por si próprios e pelos outros. Cessaram, ou reduziram, o apego ao *self*.

Como nós podemos navegar pelo renascimento

Também para nós o modo de viver será como o modo de morrer. A maneira de morrer será o modo como vivenciaremos o bardo. E nossa vivência do bardo será um dos ingredientes que determinarão como e onde renasceremos.

A maioria das pessoas não consegue controlar o estado de espírito, estejam elas acordadas ou adormecidas. Apegam-se a pessoas, eventos e coisas à sua volta, e tornam-se dependentes dos desejos ou lhes criam aversão. Quando uma situação muda de uma maneira que não apreciamos, sentimos raiva, estresse, aborrecimento ou irritação.

Quando temos experiências boas, ruins ou pesadelos, achamos que tais coisas só acontecem conosco. E reagimos de acordo com nossos hábitos anteriores. Não temos a habilidade de controlar nosso estado de espírito reativo.

Se não formos capazes de controlar a mente em vigília, com certeza não conseguiremos perceber nem controlar a mente no sono, ou quando estivermos no bardo. Entretanto, não precisamos ficar nesses estados reativos. Podemos aprender a trabalhar a mente e, assim, navegar pela vida com aceitação, preparando-nos para a morte com mais tranquilidade.

O modo como vivemos – que inclui nosso nível de percepção, grau de apego e outras tendências – é idêntico à experiência que teremos no bardo. É muito importante ser capaz de "abrir mão" de nossas tendências obsessivas reativas quando estivermos no bardo. Não queremos atravessar o bardo combatendo medos e demônios que aparecem na consciência. Afinal, enquanto nos preparamos para esse Estado Intermediário, aprendemos que os pensamentos, as percepções e visões são uma ilusão. Não precisamos mais ver a nós mesmos, ou o que surgir na mente, com grande solidez e importância.

Além disso, a experiência de navegar no bardo é mais difícil que a do estado normal de sonhos enquanto em vida.

Para a maioria de nós, a morte pode ser um choque enorme à consciência, sobretudo se for súbita. Depois da morte, muitos seres entram no bardo em estado de choque e não aceitam o fato de estarem mortos. Vemos essa resistência à morte exemplificada em filmes como O *Sexto Sentido*, estrelado por Bruce Willis, ou

Ghost – do Outro Lado da Vida, com Patrick Swayze, Demi Moore e Whoopi Goldberg.

Algumas pessoas recém-falecidas se apegam à vida anterior. Mesmo mortas, têm a percepção de familiares e amigos ainda vivos, que seguem com a rotina. Membros da família e amigos que estão agitados ou que brigaram durante ou depois do evento da morte impactam a consciência do ente querido no bardo, criando atribulação para a consciência. Se esses indivíduos puderem cultivar sentimentos de calma, paz e amor, permitirão aos falecidos vivenciar mais paz no bardo.

A consciência no bardo

A consciência passa pelo bardo sem o corpo físico.

Enquanto em vida, o corpo físico é o que nos aterra.

Quando saímos da cama pela manhã, nos exercitamos e prestamos atenção às sensações físicas, a fisicalidade nos aterra e ajuda o estado de espírito a se estabilizar. Por exemplo, se estamos estressados, podemos caminhar ou fazer algum exercício físico. Isso ajuda a aliviar o estresse físico, emocional e psicológico. Nossa conexão mente-corpo é forte. O que afeta um impacta o outro de modo irremediável.

Quando meditamos e damos atenção à respiração, a mente também se conecta ao corpo.

Em vida, o corpo físico, em parceria com a mente, interage com o mundo físico ao redor, que também nos aterra.

No bardo, não temos o corpo físico para nos sustentar. Possuímos apenas a consciência, desligada do corpo.

Como já mencionamos antes, no bardo, o karma, que consiste nos hábitos e nas tendências que criamos, desenvolvemos e mantivemos no decorrer da vida (ou vidas), faz parte da consciência.

Se não pudermos controlar o estado de espírito enquanto em vida no corpo, imagine como será difícil depois da morte, quando a mente se desvencilhou do corpo físico.

Vemos, então, que navegar pelo bardo sem preparação pode ser difícil. O estado de espírito no bardo reflete o estado de espírito nesta vida, mas sem um corpo e, em muitos casos, em estado de choque.

Se passarmos a vida entre desejo e aversão, a ânsia de evitar medo e sentir prazer e conforto se repetirá na vivência do bardo.

Como vimos no capítulo anterior, no fim do Bardo da Luminosidade, o impulso de apego da consciência, em geral no período de quarenta e nove dias, tenta entrar em um corpo mais uma vez. Procura um ventre, um corpo físico. E, com base em seu karma, a consciência encontra e entra em um ventre.

O karma determina nosso local de nascimento, família e assim por diante. Para a maioria dos seres, nesse momento do ciclo de vida, morte e renascimento, há pouquíssima escolha quanto ao ambiente do renascimento. Ele é determinado pelo karma.

Podemos nos preparar para o bardo, sabendo tudo o que ele implica?

Todos nós preferiríamos ter uma experiência agradável à hora da morte. Se soubermos que a experiência no bardo será desagradável – ou se estivermos despreparados –, viveremos e morreremos com medo.

A preparação apropriada nos permite relaxar mentalmente, até certo ponto. Quando soubermos o que esperar e prepararmos a mente, teremos mais confiança e paz à medida que nos aproximarmos do bardo.

Por fim, sob uma perspectiva prática, o modo como vivemos, incluindo a experiência no bardo, determina nosso renascimento.

Preparemo-nos agora, enquanto é possível.

Capítulo 5

Começar Onde Estamos Agora

Haja o que houver na vida, independentemente de nossa religião, política, riqueza, boa ou má sorte, sabemos que nosso estado de espírito é:

- a única coisa que podemos controlar;
- a chave para uma vida livre de sofrimento e medo, e a capacidade de lidar com qualquer coisa que apareça em nosso caminho.

Isso não significa que tudo na vida é um mar de rosas. A impermanência da vida nos traz tristeza quando nossos entes queridos morrem, ou quando ouvimos notícias de tragédias em nossa cidade ou mesmo no mundo. Mas conseguimos lidar com isso. Se treinarmos a mente, teremos as ferramentas apropriadas. E a incerteza da vida também pode nos trazer alegria!

Transformar a mente nos ajuda a encarar a morte com confiança e paz, de modo que ela pareça uma parte natural da vida.

O Buda ensinava seus seguidores a treinar a mente a fim de reduzir o medo e o apego, gerando karma bom, e também a desenvolver compaixão pelos outros, reduzindo, assim, o senso permanente do *self*. Os praticantes do budismo seguem esses métodos há séculos, e hoje inúmeras pessoas, budistas ou não, os praticam, porque sentem os benefícios na própria vida.

Por meio da meditação, do estudo e da prece, o treinamento mental reduz o sofrimento e melhora nosso estado de espírito nesta vida. Ao mesmo tempo, essas atividades nos ajudam na preparação para a experiência do bardo, quando morrermos.

Se lapidarmos a mente para melhorar a experiência da vida atual, a experiência da proximidade da morte e no bardo automaticamente será melhor também. Para sermos mais específicos, podemos desenvolver dois ingredientes críticos para a felicidade nesta vida, no bardo e nas vidas futuras: compaixão e sabedoria.

Compaixão

Compaixão é o desejo de reduzir o sofrimento de todos os seres. Aprendemos a desenvolver compaixão por nós mesmos e pelo outro, seja quem for, quer gostemos dele, quer não.

Como isso nos ajuda? Quando desenvolvemos compaixão pelos outros, reduzimos o apego e a sustentação de nosso ego. Eles são os dois lados da mesma moeda.

Quando a mente analisa as situações concentrada no impacto que causam ao "eu", automaticamente vemos a nós mesmos como entes isolados dos demais. Notamos diferenças e julgamos, baseados no "eu" *versus* "o outro". Essa perspectiva reforça o apoio à autoidentidade. E sabemos que, à medida que aumenta o apego do ego, maior é o karma negativo. Em outras palavras, enquanto nos concentrarmos em nós, jamais teremos uma felicidade interior duradoura.

O desenvolvimento da compaixão cria bom karma e reduz o senso de isolamento, o que nos permite sentir paz interior. O impacto do pensamento no "eu" enfraquece. Na verdade, nosso estado natural de existência contém um forte sentimento de compaixão pelos outros, assim como por nós mesmos.

O Dalai Lama é bastante enfático quanto a esse tema: "Quando sentimos amor e bondade pelos outros, não só fazemos com que eles se sintam amados e acolhidos, mas também nos ajudamos a desenvolver a felicidade e a paz interior". Ele diz ainda: "Se quiser deixar os outros felizes, pratique a compaixão. Ser quiser ser feliz, pratique a compaixão".

Desenvolver o espírito de compaixão é um ingrediente essencial para a felicidade nesta vida. A mente compassiva também é vital quando passamos pelos Bardos da Morte, da Luminosidade e do Tornar-se.

Parafraseando um lama: quando você desenvolve compaixão nesta vida, é como se o universo desenrolasse um tapete vermelho para sua entrada no bardo.

A prática da compaixão

Há muitas maneiras de desenvolver compaixão. Uma simples é recitar, meditar ou contemplar uma prece chamada As Quatro Imensuráveis.

As Quatro Imensuráveis descrevem quatro qualidades que podemos desenvolver para nós mesmos e pelos outros: bondade amorosa, compaixão, alegria empática e equanimidade.

A prece pode ser repetida várias vezes, à medida que contemplamos seu significado:

Que todos os seres tenham felicidade e
as causas da felicidade.
Que todos os seres sejam livres do sofrimento
e das causas do sofrimento.
Que todos os seres se alegrem com o bem-estar dos outros.
Que todos os seres vivam em paz, livres
de ganância e ódio.

Cada verso pode ser interpretado assim:

- Bondade amorosa é o desejo de que todos nós sejamos gentis uns com os outros e desejemos o bem de todos.
- Compaixão é o desejo de que todos os seres, entre eles, nós mesmos, não sofram.
- Alegria empática é ser feliz pela felicidade e pelo sucesso dos outros.
- Equanimidade significa não ter apego exagerado às coisas de que gostamos, nem forte aversão às que não nos agradam. Desenvolvemos equanimidade quando reduzimos nossas aversões e nossos desejos e tentamos manter um bom equilíbrio emocional. Afinal de contas, tudo sempre muda; então, para que nos apegarmos tanto a algo que inevitavelmente mudará?

Também podemos refletir a respeito do significado da prece e estudá-la até que, com o passar do tempo, possamos senti-la na mente e vivenciá-la em nossa existência.

No começo, enquanto repetimos essa prece, podemos pensar em nós mesmos e nas pessoas queridas. Com o tempo, ao recitá-la, podemos incluir pessoas pelas quais nossos sentimentos são neutros.

Por fim, enquanto recitamos a prece, podemos pensar em pessoas das quais não gostamos ou que nos trataram mal.

As pessoas erram ou cometem equívocos. Nós erramos ou cometemos equívocos. Claro que não devemos concordar com um mau comportamento. Entretanto, muitos se comportam mal e têm atitudes negativas devido a um histórico de maus-tratos, ou de um ambiente que incentiva o comportamento errado. Não sabemos o motivo implícito nas ações nocivas ou ultrajantes dos outros.

Não aceitamos o mau comportamento das pessoas, mas não desejamos o sofrimento delas. Se lhes desejarmos o mal, prejudicaremos a nós mesmos e criaremos karma negativo.

Essa mudança no modo de enxergar os outros e a nós mesmos nos aproxima cada vez mais de uma vida com ego reduzido, menos estresse e com mais felicidade. Os ressentimentos são esquecidos, o autodiálogo sobre o passado ou o futuro – o que "deveria" ou "poderia" ter sido feito – desaparece. Assim, podemos apreciar e vivenciar o momento presente da vida tal como ele é.

Quando seguimos essa nova e linda direção, vemos também que podemos ser uma força ativa para fazer do mundo um lugar mais belo e apaziguador. À medida que nos tornamos mais sensíveis aos menos afortunados, sentimo-nos impelidos a ajudar os outros. E, com nosso estado de espírito em evolução, podemos usar nossas ações de corpo, fala e mente para gerar paz e diminuir o sofrimento daqueles que nos cercam.

O desenvolvimento da compaixão conduz a uma morte com mais paz; uma morte com menos preocupação e amargura; uma experiência melhor no bardo; e, por fim, um renascimento mais auspicioso.

Práticas adicionais que envolvem o espírito compassivo na vida diária encontram-se descritas no Apêndice A.

Sabedoria

Compreender a sabedoria é o segundo ingrediente-chave para uma vida feliz. O desenvolvimento da sabedoria também proporciona uma experiência melhor no bardo e nas vidas futuras.

O Buda ensinava que sabedoria significa ver a realidade pelo prisma correto, sem ilusões.

Vimos a pergunta: o *self* existe? Sim e não. Existe, mas não da maneira que costumamos pensar. Nosso *self* é sempre mutável e evolutivo. Não tem uma existência permanente. Dizemos, portanto, que o *self* é desprovido de uma existência inerente. Quanto mais apurada for nossa compreensão desse estado do *self* – mutável e inconstante –, mais livres e desimpedidos seremos para sentir e viver.

Não é só o *self* que é inconstante; tudo o é. Todas as pessoas, coisas e situações mudam. Entender a impermanência pode ser um processo doloroso, mas também pode conduzir à liberdade.

Essa compreensão nos ajuda a reduzir o apego; afinal, nada é tão sólido que possa ser mantido. Agarrar-se a algo que não existe só causa sofrimento. A realidade joga água em nosso rosto, e descobrimos que corríamos atrás de uma ilusão.

A impermanência também nos permite ver como somos inter-relacionados. A mudança ocorre quando algo a *causa*. A mudança não acontece *independentemente* de qualquer coisa. A Lei de Causa e Efeito, o karma, é outra maneira de vivenciarmos como somos dependentes e inter-relacionados. Tudo o que nos acontece é resultado de alguma coisa ou de alguma pessoa.

Thich Nhat Hanh, grande mestre zen, chama esse fenômeno de *interser*. Em sua eloquente descrição:

> O vazio não significa o nada. Dizer que somos vazios não significa que não existimos. Esteja uma coisa cheia ou vazia, ela precisa existir, para início de conversa. Quando dizemos que uma taça está vazia, ela precisa existir para estar vazia. Quando dizemos que estamos vazios, isso significa que devemos existir para nos esvaziar do *self* permanente, isolado.
>
> Há mais ou menos trinta anos, eu procurava uma palavra da língua inglesa que descrevesse nossa profunda interconexão com tudo. Gostei da palavra *togetherness* [proximidade], mas, por fim, escolhi o termo *interbeing* [interser]. O verbo "ser/estar" pode gerar confusão, porque não podemos estar a sós com nós mesmos. Se juntarmos o

prefixo "inter" com o verbo "ser", temos um novo verbo: "interser". A ideia de interser reflete a realidade de maneira mais exata. Nós intersomos com as outras pessoas e com toda a vida.

A percepção do vazio e da impermanência são ingredientes essenciais para a felicidade nesta vida, bem como no período próximo à morte (o Bardo desta Vida), no momento em que morremos (o Bardo da Morte) e no além (o Bardo da Luminosidade).

A prática da sabedoria

Contemplar a natureza transitória da vida, do corpo, do ambiente, dos amigos e entes queridos, e de nossas posses é uma atitude que nos ajuda a reduzir a natureza do apego. Quanto mais capazes formos de reduzir o apego ao que é transitório, mais feliz será nossa vida, e mais fácil será a morte.

A meditação que envolve a respiração pode ajudar a mente a absorver a impermanência do mundo. Podemos observar o modo como respiramos o ar que entra e sai e as mudanças entre um momento e outro. A meditação sentada, que acompanha a respiração, nos ajuda a perceber o vazio e a impermanência.

O ato de observar a respiração e toda a sua singularidade, bem como os pensamentos que passam pela mente, nos ajuda a compreender que tudo sempre muda. Essa é a realidade, e podemos viver bem com ela.

Com os olhos fechados ou olhando com tranquilidade para baixo, e com a coluna ereta (deitar-se também é bom, se a posição sentada for desconfortável ou dolorosa), apenas observamos nossa respiração natural. Quando inalamos, percebemos o ar entrando no corpo. Podemos ver o ar passando pelas narinas, ou o abdômen se projetando. Também podemos observar a saída do ar pelo nariz ou o abdômen voltando com suavidade ao normal.

Quando os pensamentos aparecem e interrompem a observação – e isso acontece –, apenas voltamos a observar a respiração, sem qualquer censura.

Participamos desse "jogo" de observar a respiração, com interrupções e distrações, e voltamos à observação. No começo, a prática diária pode levar cinco minutos e, com o passar das semanas, estender-se para quinze a vinte minutos. Talvez até duas vezes por dia!

Com estudo, contemplação e meditação, chega o momento em que a mente se acalma e começa a aceitar a realidade do vazio e da impermanência. Podemos ler livros inspiradores que nos façam pensar na vida, em seu significado e direção. Também temos a possibilidade de conversar com outros indivíduos de inspiração semelhante, dedicando algum tempo para digerir os ensinamentos sobre amor e sabedoria dos grandes mestres de qualquer religião.

Mudanças não são ruins nem boas. Não significam que tudo sucumbirá ao pior. A mudança inevitável significa apenas que tudo é possível. À medida que nos conscientizamos disso, não nos surpreendemos com a mudança e podemos até gostar dela. Ignorar essa realidade não é um estado de glória, e, sim, apenas sofrimento.

Práticas adicionais que podemos incluir na vida diária para desenvolver a compreensão da sabedoria encontram-se descritas no Apêndice A.

Como a sabedoria e a compaixão se inter-relacionam?

Quanto mais compassivos nos tornamos, mais karma positivo acumulamos. Reduzimos o apego àquilo que "pensamos" ser e enxergamos que nossa autoidentidade é ilusória e sempre mutável.

Quando reconhecemos que queremos ser felizes e sofrer o mínimo possível, damo-nos conta de que somos todos "iguais". Essa disposição reduz a mentalidade de isolamento do "eu" *versus* "o outro".

Compreender a natureza inter-relacionada de tudo é outro modo de perceber que nada é permanente. Estamos inter-relacionados e dependemos uns dos outros.

Tudo muda, e isso é bom. É normal, assim como a lei da gravidade.

Do mesmo modo, compreender a impermanência e saber que tudo é interdependente pode levar à compaixão por todos. É quando entendemos que estamos interconectados. Não há fronteiras entre mim e você. Não há dualismo. "Você" não está lá e "eu" não estou aqui; não há tribalismo. Isso significa em essência que podemos sentir melhor nossa unicidade.

Nas palavras do Dalai Lama: "Somos todos irmãos e irmãs".

Compaixão gera sabedoria, e sabedoria gera compaixão. O desenvolvimento desses dois ingredientes-chave nos proporciona uma vida mais feliz, uma morte com mais paz e um renascimento auspicioso.

Capítulo 6

Como Apoiar Aqueles que Amamos Quando Estão Perto da Morte

As pessoas que amamos viveram da melhor maneira possível, e agora a morte iminente as aguarda. O que passou não pode ser mudado. E o relógio bate até a hora final. Talvez essas pessoas acreditem no bardo, talvez não. De qualquer maneira, podemos ajudá-las a morrer em paz. As sugestões a seguir podem facilitar a transição para a próxima fase, com menos sofrimento emocional.

Prepare o estado de espírito

A pessoa que amamos e aqueles que cuidam dela podem estar em um estado de dor emocional e/ou física. Nós também talvez soframos a mesma dor. Às vezes, a amargura da perda iminente nos impele a tentar controlar o que acontece ao redor. Achamos que sabemos tudo. E queremos ser prestativos.

Antes de poder ajudar, verifique a própria condição. Espere alguns minutos antes de entrar na casa, no quarto ou no hospital.

Como você está? O que sente? Se conseguir testemunhar seus sentimentos e suas emoções, terá mais contato com eles. Não há necessidade de validar, rotular, julgar, analisar ou suprimir qualquer emoção. Apenas verifique e observe. Quando temos essa atitude, ela nos ajuda a ficar centrados, calmos, prontos para ajudar. Um modo de fazer isso é observar a própria respiração por alguns minutos.

Agora que você verificou como se sente, é bom reconhecer que está lá para reduzir o sofrimento. Talvez não precise controlar coisa alguma. Pode assumir a atitude de prestar um serviço àqueles que sofrem. Está ali para dar apoio, escutar e oferecer ajuda. Que linda oportunidade.

Planeje de antemão

Pense em levar uma planta, flores ou imagens que a pessoa amada ou seus visitantes possam apreciar. Desenhos feitos por filhos ou netos são capazes de transmitir alegria e esperança. Uma música suave, leve, enaltece o espírito. Se a condição permitir, as comidas favoritas da pessoa podem fazer maravilhas. Pergunte antes que alimentos são apreciados por ela.

Antes de entrar

Antes de entrar no quarto ou na casa de alguém próximo da morte, passe alguns minutos verificando como se sente. Respire fundo algumas vezes; fique alguns instantes em silêncio; recite uma prece ou meditação. Essas atitudes trazem calma e amor a si próprio e à pessoa amada. Na verdade, podemos usar essas práticas simples a qualquer hora do dia, em qualquer lugar. À medida que desenvolvermos esse hábito, ele se tornará natural sempre que for necessário, sob qualquer circunstância.

Mantenha um ambiente de paz e quietude

Às vezes, quando a pessoa que amamos está para morrer, ela fica muito sensível, e ouvir pode se tornar uma ótima experiência, seja qual for sua condição. É provável que ela ouça, entenda e sinta os ruídos altos em outro quarto, conversas sobre ela, ou discussões a respeito de notícias preocupantes. Se falarmos em voz baixa, com calma, podemos ajudá-la a sentir paz.

Limite ou elimine a tensão interpessoal

Quaisquer diferenças entre os membros da família ou amigos devem ficar de fora, até terminar a visita a quem está prestes a morrer. Ou melhor, essa é uma boa hora para consertar as cercas que estavam quebradas. Se o momento for apropriado, pedir e conceder perdão permite que a pessoa se desenlace da vida sem ser atraída por conflitos emocionais não resolvidos. Se não parecer apropriado fazer isso naquele instante, podemos mostrar que temos um relacionamento de amor e apoio com ela, apenas sendo nós mesmos. Nem tudo precisa ser falado. Com os olhos, podemos expressar nosso amor e apoio.

Desentendimentos entre familiares ou amigos

Se for apropriado, peça e até encoraje a pessoa próxima da morte a se reconciliar com quem ela tenha diferenças. Dê-lhe a oportunidade de expressar sentimentos, remorsos ou pedidos de perdão a você, mesmo que seja em silêncio. As preces e os pensamentos dessa pessoa serão ouvidos. E, claro, se ela pedir, transmita esses sentimentos a outros.

Mantenha a calma

As emoções que você sente e exibe na presença de alguém perto da morte podem ser captadas por ela e impactar seu estado de espírito. Se o visitante demonstra calma, o acamado provavelmente sentirá a mesma coisa. Se estiver agitado, será difícil para ele manter a calma. Lembre-se: você quer dar àquela pessoa a oportunidade de fazer a transição com o espírito em paz. Caso não consiga sentir essa tranquilidade, sinta-se à vontade para sair do local, respirar um pouco e voltar para o seu ponto de equilíbrio. Faça isso quantas vezes sentir que é necessário. Não há uma fórmula para alguém adquirir calma em momentos difíceis. Só podemos fazer o que estiver ao nosso alcance.

Saiba escutar

Fazer o melhor possível para satisfazer os desejos de alguém próximo da morte é um ato de grande compaixão. Se ele quiser falar, você pode ouvir com atenção, sem censura. Se preferir ficar quieto, ofereça-lhe um silêncio apaziguador. Você é capaz de intuir o que a pessoa deseja; do contrário, pergunte. Mesmo que ela não fale, sentar-se em silêncio é um modo maravilhoso de apoiar e se conectar com outro ser humano.

Ofereça algo específico

Você pode perguntar à pessoa, com delicadeza, se ela quer mais água, pedrinhas de gelo, algum remédio, algo para comer, ou ouvir sua música favorita. Não é preciso bombardeá-la de perguntas. Questione aos poucos, de maneira suave e gentil.

Procure ajuda profissional

Considere a possibilidade de consultar um guia profissional ou religioso. Há excelentes funcionários em asilos, doulas da morte, capelães de hospital, rabinos, padres e imãs que transbordam sabedoria. Eles têm experiência em ouvir e prestar auxílio a quem está no fim da vida e também a seus entes queridos. É provável que tenham respostas a várias perguntas que possam surgir. É bom planejar isso de antemão, se possível.

Não exagere

Seja gentil. Não é preciso cutucar quem está prestes a morrer com questões não resolvidas, tarefas não cumpridas ou ideias não pensadas. Essa não é a hora de tomar decisões nem de ter uma conversa séria.

Providencie conforto físico

Travesseiros, ajustes e posição da cama, luzes, sons e como o visitante se senta são possíveis fontes de conforto ou desconforto. Procure ajuda se tiver dificuldade em acomodar fisicamente seu amigo ou ente querido. Não se apresse. Tudo pode ser feito com calma e segurança.

Coloque músicas para tocar

A música pode ser útil para acalmar o espírito. Coloque a música favorita da pessoa em algum aparelho, ou cante e toque um instrumento para ela. Às vezes, o som da voz humana bem perto pode estabelecer uma forte conexão. Pergunte, ou intua, o que a faria se sentir confortável.

Ofereça preces ou entoações específicas

Se souber que a pessoa perto da morte tem preces ou práticas favoritas, ofereça-as, ou procure ajuda para fazer isso. Também vale a pena perguntar a ela qual seria sua preferência no momento. Respeite os desejos dela, sem julgar. Uma mente aberta e apoio são as melhores coisas que você pode ofertar nesse momento.

Dê à pessoa o apoio de um guia espiritual

Traga uma imagem ou uma foto da figura religiosa preferida dela, santo de devoção ou divindade (Jesus, Moisés, Buda, Maria etc.), ou outros objetos que ajudem essa pessoa a se sentir espiritualmente acolhida. Se possível, aborde antes o assunto. É válido questionar também qual seria sua preferência no momento.

Esteja presente

Sua presença é a maior dádiva oferecida a quem está perto da morte. Mesmo que você não se sinta à vontade, estar próximo pode ser muito significativo e reconfortante. A melhor maneira de evitar a sensação de desconforto é apenas se fazer presente naquele momento, ao lado de seu amigo ou ente querido. Sua atenção é o que causará o maior impacto. Aliás, essa é uma boa ocasião para você desligar o telefone.

Observar e se conectar com sua respiração natural ajudará a estabelecer sua presença e tranquilizar a mente, caso esteja agitada ou aflita. Enquanto estiver com a pessoa querida, não é preciso pensar no que pode ou deve fazer ou dizer. Dedicar a ela sua atenção é mais que suficiente.

Deixe-se levar

Seja qual for o estado de espírito da pessoa em questão, podemos nos mostrar abertos e compreensivos. A maioria de nós não está preparada para morrer. Assim, podemos apenas escutar. Ficar ao lado da pessoa. Permanecer calmos.

Se quem estiver prestes a morrer estiver agitado, escute o que ele tem a dizer. A sua calma e compostura o deixarão calmo também. Não podemos controlar o estado de espírito dos outros, mas podemos oferecer-lhes o nosso. Às vezes, só o toque da mão sobre a de quem está agitado já exerce um efeito tranquilizante.

O que pode ocorrer durante a visita?

A pessoa que você ama pode sentir medo, incerteza, raiva, culpa, arrependimento, depressão, além de mais um emaranhado de emoções.

Se ela quiser ouvir sua opinião, você pode usar um tom de voz tranquilo e reconfortante ao dizer:

- quantas coisas maravilhosas essa pessoa fez na vida;
- como a crença que ela tem em Deus ou outro Ser Superior cuidará dela na passagem;
- como você sentirá falta dela, sem dúvida. E se lembrará de todas as coisas boas a seu respeito, o que aprendeu com ela e como passará isso adiante;
- como a vida dela causou impacto positivo na vida dos outros;
- quanto você e outros a amaram e a valorizaram;
- como a presença dela no mundo continuará por intermédio de outros, por várias gerações.

A pessoa amada pode não perceber a presença dos visitantes ao redor, mas não deixe de lhe dizer palavras de carinho e coragem por causa disso.

A ciência já comprovou que quem está próximo da morte e também os que estão em coma, na verdade, ouvem o que é dito a eles. Se nos lembrarmos disso, poderemos lhes falar de maneira tranquila e expressar nosso amor, nosso respeito e nossa admiração.

Como lidar com questões a respeito da morte e da vida além dela?

Se a pessoa querida demonstrar ansiedade acerca da morte, ou do que virá depois dela, é possível lhe assegurar que:

- Deus, ou a Presença Superior na qual ela acredita, é um ser de perdão e aceitação, e ela pode ter certeza disso;
- ela pode se concentrar em Deus, ou em uma Presença Superior, que sempre estará com ela. Esse foco será suficiente para lhe dar as boas-vindas no céu, no reino de Deus, no além, ou no bardo;
- sem dúvida, o amor, as ações positivas e os bons pensamentos da pessoa lhe farão bem quando ela entrar na próxima fase.

A repetição de preces ou mantras, em voz alta ou em silêncio, ajudará quem está à beira da morte a permanecer conectado com Deus ou uma Presença Superior. Um mantra é uma frase ou palavra cujo som e/ou significado ajudam na concentração, ou iluminam e purificam nosso estado de espírito. Cada crença tem frases próprias capazes de trazer consolo e conforto.

Cristo, Maria, Buda, o profeta Maomé e Moisés são representações e manifestações de amor e compaixão – uma Presença Superior. Podemos ter certeza de que ouvirão o pedido de ajuda e compaixão. Você pode encorajar a pessoa querida a se dirigir a esses maravilhosos Seres Superiores, ou a rezar para eles. O Apêndice A apresenta palavras de encorajamento que podem ajudar nesse sentido.

Como reconhecer os sinais da morte?

Quando estamos atentos e com a mente lúcida, e tendo já certa experiência, somos capazes de ver e sentir a progressão da falência do corpo físico. Se estudarmos os processos do corpo quando ele começa a deixar a vida, não nos surpreenderemos quando chegar o momento. Podemos ganhar confiança ou conforto mental observando esse processo nos outros e até em nós mesmos. Também poderemos recitar preces apropriadas antes da morte, se isso fizer parte de nossa prática, cientes de quando será a hora de remover o corpo após a morte.

Ao acompanhar essa progressão, saberemos se a morte está próxima ou ainda muito longe. A medicina tibetana detalha os sinais de deterioração do corpo. Esses sinais são compatíveis com as observações do Ocidente.

Vejamos, então, um resumo dos sinais mais importantes que acompanham o processo da morte.

FASE 1

O corpo sente fraqueza, como se estivesse afundando na terra. Os olhos não conseguem ficar abertos, e a cor geral do corpo é pálida.

FASE 2

O corpo se sente ressecado, e a pessoa, às vezes, é acometida de muita sede. O sentido de audição diminui.

FASE 3

A digestão se torna difícil. A memória enfraquece. A inspiração é fraca, enquanto a expiração fica relativamente mais forte. O sentido do olfato diminui ou desaparece.

FASE 4

A percepção do que acontece ao redor diminui. O paladar diminui ou desaparece. A sensação do tato se enfraquece.

FASE 5

A consciência bruta cessa. Nossas percepções, cognição, senso de identidade, personalidade, tudo cessa. A consciência sutil permanece: sensação de atemporalidade, amor infinito, união com o todo.

FASES 6 a 8

Um adepto pode se tornar mais ciente de seu chakra cardíaco, um centro de energia localizado na parte central do peito, na altura do coração.

Dependendo da preparação da pessoa, a percepção da mente pode vivenciar um estado de luz cristalina ou a verdadeira natureza da realidade (para mais detalhes, consulte o Apêndice B: *O Livro Tibetano dos Mortos* – um resumo). A consciência sai do corpo, o que pode ser observado quando o centro do coração já não está mais quente. O corpo começa a cheirar enquanto se decompõe. O observador tem uma sensação sutil de que a consciência se foi.

É nesse ponto, quando a consciência deixa o corpo, que os lamas budistas tradicionais recitam preces e mandam removê-lo. Na ausência de lamas experientes, você pode recitar as preces apresentadas no próximo capítulo.

Embora essas fases do processo de morte sejam comuns, cada pessoa e cada progressão rumo à morte são diferentes. Os pontos mais importantes são: estar presente, manter a calma, ser gentil, escutar com profunda atenção e ser prestativo. Essa é a melhor maneira de demonstrar amor e apoio.

Capítulo 7

Práticas para a Aproximação da Morte

Os budistas de linhagem tibetana praticam Phowa, uma combinação de visualizações e mantras que mesclam a consciência de quem está no fim da vida com um Ser Superior.

Phowa remonta ao grande mestre budista Tilopa, do século XI, e à sua professora Sukhasiddhi, mestra indiana do Budismo Vajrayana, yogue e mestra de meditação. É possível que ela tenha aprendido Phowa com professores ou os Budas primordiais que a precederam. Desde aquela época, muitas linhagens do budismo tibetano desenvolveram um modo próprio de praticar Phowa.

A realização de Phowa enquanto se está morrendo reduz o fardo de karma negativo que o praticante possa ter acumulado na vida (ou vidas). A prática de Phowa abreviada deste capítulo e as práticas apresentadas no Apêndice A podem resultar em um benefício tremendo para qualquer pessoa, de qualquer religião.

Se a prática de Phowa for feita com sinceridade e entrega, o praticante prestes a morrer terá um renascimento auspicioso em sua próxima vida na Terra. Poderá, inclusive, ter a opção de renascer em uma Terra Pura. A Terra Pura é uma região de beleza que excede todos os outros mundos ou reinos onde uma pessoa possa renascer. O renascimento em uma Terra Pura equivale a tornar-se iluminado. Nesse caso, a consciência não renasceria no mundo em que vivemos hoje.

Lamas do budismo tibetano podem guiar seus estudantes que estejam perto da morte com a prática de Phowa, ajudando-os a ter um renascimento auspicioso no reino humano, chegar à Terra Pura ou alcançar a iluminação.

Adeptos ou não do budismo que estejam perto da morte podem praticar uma versão simplificada, porém eficaz, de Phowa para si próprios. Não precisamos esperar pela morte para conectar nossa mente com um Ser Superior. E também podemos orientar as pessoas que amamos nessa mesma prática de Phowa. A prática as ajudará a se livrar do apego (karma negativo) e a unir a consciência a um Ser Superior.

Se quem amamos estiver disposto a isso, podemos explicar-lhe que utilizaremos com ele uma prática transformadora, apaziguadora e amorosa, que pode aliviar o sofrimento e ajudá-lo a fazer a passagem em paz. Qualquer pessoa pode fazer uso dessa prática, seja qual for sua religião ou origem, pois vai auxiliá-la a se conectar com um Ser Superior, Deus ou Poder Superior.

Phowa pode ser utilizada nas últimas horas de vida. Podemos guiar a pessoa recitando uma versão breve de Phowa, exposta na sequência, com voz suave, terna e calma. Tradicionalmente, ela é recitada ao lado da cabeça da pessoa querida, e não perto dos pés.

Depois que a orientarmos várias vezes, a pessoa pode praticar Phowa sozinha. Muitos fazem isso, mesmo que não estejam perto da morte. É um jeito maravilhoso de se conectar com um Ser Superior.

Além de Phowa, no momento da morte, podemos também encorajar com delicadeza a pessoa em seu caminho até o bardo, ou ao mundo além da vida. Esse incentivo a ajudará a seguir seu rumo, em vez de se apegar ao corpo e à velha existência.

Veja alguns exemplos de Visualização de Phowa Abreviada e Encorajamento que podemos recitar a quem está à beira da morte, de maneira suave e lenta. Se possível, sente-se fisicamente ao lado dessa pessoa e fale perto de seu ouvido, devagar e em voz baixa.

Leia a seção seguinte, preenchendo-a com a Presença Superior ou Ser Superior em que sua pessoa amada acredita. Se não souber, pode perguntar quem seria esse ser: Jesus, Moisés, Buda, Maria, Maomé ou outro.

Visualização de Phowa Abreviada

Essa prática sucinta de Phowa pode ser muito impactante. Sinta-se à vontade para adaptá-la da maneira que achar mais apropriada para o seu caso ou o da pessoa perto da morte. Leia o que vem a seguir.

> Delicadamente, feche os olhos e observe sua respiração por alguns minutos.
>
> Não se preocupe com a distração de pensamentos ou sons que possa ouvir.
>
> Quando notar que se distraiu, não se preocupe. Apenas volte a observar sua respiração natural e única.
>
> Observe o ar entrando nas narinas e saindo delas, ou o movimento de subir e descer do abdômen. Limite-se a olhar e reconheça a respiração que foi sua amiga por toda a vida.
>
> [Pausa para observar a respiração.]
>
> Imagine que seu mais precioso Deus, Presença Superior ou Luz Dourada está no local.

Pode ser qualquer Ser Superior por quem você sinta amor ou grande respeito, devoção ou conexão.

Não importa se já teve ou não essa conexão na vida antes. O que importa é o agora.

Seremos capazes de invocar a presença desse ser agora.

[NOME DO SER SUPERIOR aqui e nos demais intervalos: ______________________] esteve com você por toda a sua vida, e agora [ele/ela/eles] se mostra(m) a você.

Agora é o momento de imaginar que [______________] está conectado/a com seu coração.
[______________] veio para lhe fazer companhia.

Imagine que [______________________] está presente na forma de uma luz branca. É só isso o que você precisa sentir agora.

O calor da luz branca envolve sua cabeça e flui do coração do Ser Superior para o seu. A presença de [______________] é calma e lhe transmite amor.

Você pode sentir esse ser. E pode sentir a própria devoção a [ele/ela/eles] que vem de seu coração.

[____________________________] está tão feliz por ficar a seu lado e poder vê-lo.

[____________________________] pode sentir sua essência e, para [ele/ela/eles], você é um ser belíssimo.

[____________________________] lhe sorri; está muito feliz e gosta muito de você.

Espere um instante, ou quanto tempo quiser, para absorver e sentir a presença do Ser Superior e a luz branca que o acompanha.

Não precisa ser uma visualização específica; apenas uma sensação calorosa e amorosa de luz.

[Pausa para observar.]

[____________________________] chegou para lhe dar as boas-vindas à sua próxima fase.

Agora, sinta uma luz semelhante, presente no centro do coração.

Você também tem a mesma luz branca no centro do coração.

Aproveite para apreciar e dar as boas-vindas a este momento e a este sentimento.

Depois de sentir a mesma essência dentro de você, sinta a conexão entre seu coração e esse lindo Ser Superior que é seu guia, seu protetor e sua presença amorosa.

Sinta a conexão. Agora sinta que está se mesclando a [__________________] em uma única essência.

Você está indo para casa com esse Ser Superior. [__________________] está muito feliz em sua companhia e lhe dá as boas-vindas.

Repouse nesse sentimento pelo tempo que quiser.

Fique tranquilo. Não há pressa. Repita tudo isso sempre que desejar.

Encorajamento

As frases a seguir podem ser repetidas de maneira suave e lenta nos momentos finais da vida. Elas se baseiam nos ensinamentos do guru Padmasambhava, do qual se originaram os mandamentos de O *Livro Tibetano dos Mortos*. Sinta-se à vontade para adaptá-las, se achar necessário.

[Nome da pessoa querida: ___________]

Não tenha medo. Você está cercado de amor.

Você chegou agora ao momento da morte.

Não há retorno.

Este é o estado natural do ciclo da vida para todos os seres.

Caminhe para o [mundo do além/bardo].

Não se apegue à vida atual.

Não precisa se agarrar ou se apegar à sua vida prévia.

O corpo expirou.

É hora de seguir em frente.

Busque refúgio na presença de [NOME DO SER SUPERIOR: _______________].

[Repita as frases acima várias vezes, e repita a última inúmeras vezes.]

Capítulo 8

Apoio a Distância aos Nossos Amados à Beira da Morte

Podemos pensar em uma pessoa que amamos, seja qual for a distância entre nós. Não importa onde nosso amigo, familiar ou pessoa amada esteja. Podemos senti-los. E somos capazes de vê-los na mente e participar de quaisquer práticas, preces ou visualizações, qualquer que seja o lugar em que eles ou nós estivermos.

Estamos todos conectados. Afetamo-nos mutuamente, mesmo sem sentir isso. Quando olhamos à nossa volta e vemos as inúmeras causas que geram tantas consequências, não podemos ignorar essa conexão.

A pandemia de Covid-19 mostrou que não somos mais bilhões de indivíduos cuidando apenas dos próprios interesses. Nunca fomos. Não somos 195 países coexistindo de modo independente no mundo. A pandemia passou de uma pessoa para outra, infectando mais de 560 milhões no planeta, enquanto escrevíamos este livro. Sim, estamos todos conectados.

Sofrimento e amor também percorrem distâncias. Podemos sentir dor em qualquer lugar do mundo. As imagens de tristeza eram exibidas nos noticiários da televisão, e a internet tornava os sentimentos ainda mais palpáveis. Também podemos sentir amor e alívio por aqueles que sobreviveram.

E muitos sobreviveram, de fato. Muitos ajudaram outros mais. Diversos países auxiliaram pessoas no outro lado do mundo. Houve uma percepção geral de que estamos todos juntos. Em uma pandemia ou não, a interconexão e o interser sempre existem.

Apoio a distância àqueles que amamos

Podemos rezar, entoar ou visualizar quem amamos, mesmo que essa pessoa esteja muito longe. Faça isso como se ela estivesse a seu lado. E está. Se tiver alguma dúvida, tente e observe como vai se sentir. Pratique Phowa e o Encorajamento apresentados no capítulo anterior. Quem você ama está muito perto de você.

Prepare um ambiente que facilite as práticas descritas neste livro. Uma área limpa, sagrada e propícia pode ser preparada para meditação, visualização, cantos e preces. O local pode ser decorado com velas, incenso e belos quadros. Uma foto da pessoa amada também pode ser posta ao lado das imagens de santos de sua inspiração.

Para se sentir ainda mais perto dessa pessoa, claro que você pode telefonar ou fazer uma chamada de vídeo. Você e seus filhos podem criar e lhe enviar trabalhos artísticos ou uma música. Mostre-lhe amizade e amor. Indique que está receptivo, sensível, destituído de qualquer censura, com uma mentalidade positiva e disposição para servir e prestar apoio.

Por fim, que possamos dar apoio e amor com tudo o que temos, com nossa devoção e entrega a Deus ou a um Ser Superior. Deus ou esse Ser Superior pode nos dar força a fim de prestar apoio à pessoa querida no momento em que ela fizer sua transição pela morte.

Capítulo 9

Como Dar Apoio a Nós Mesmos no Fim da Vida

O que aconteceu nesta vida ficou no passado. Estamos agora no limiar de uma oportunidade nova, bela, magnífica.

A morte é tão natural quanto o nascimento. Não devemos temê-la. A morte pode ser vista como uma oportunidade de nos unirmos a Deus, ou a um Ser Superior. Precisamos fazer com que a mente aceite essa ideia.

Concentre-se no "prêmio" – uma linda transição para a fase seguinte do ciclo de nascimento, vida e morte – e não se deixe distrair por dúvidas ou temores. Com a meditação, você pode aprender a se concentrar no que acontece no agora. É tão simples quanto observar a própria respiração por alguns minutos, instante a instante. Você não precisa de instruções complicadas. Desse modo, poderá treinar a mente para se concentrar no momento atual, sem precisar rever o passado nem se preocupar com o futuro.

Não criemos ilusões na mente.

A realidade é que nosso senso do *self* é uma ilusão.

A realidade é tudo e está em constante mudança.

A realidade é que morremos e, de uma maneira ou de outra, passamos para a vida após a morte.

Acreditando ou não na vida após a morte, por que não fazer de sua morte uma celebração?

Por que não amar a si mesmo como nunca amou antes?

Por que não encorajar as pessoas que você ama a lhe dar apoio da maneira mais positiva e alegre possível?

Se você crê que vai morrer daqui a algumas semanas ou meses, por favor, pratique as preces e as entoações de Compaixão e Sabedoria apresentadas no Capítulo 5, recitando As Quatro Imensuráveis e meditando com a respiração. Desenvolva uma prática coerente de meditação.

Se não puder fazer isso sem auxílio, procure um professor que lhe dê apoio.

Você sofre de estresse? Observe sua respiração. Isso o ajudará a se manter no presente.

"O passado é história. O futuro é mistério. O momento presente é uma dádiva."

Capítulo 10

O Momento Logo Após a Morte

Quando alguém querido parte, não mais respira, ou quando sua morte é constatada, se permanecermos calmos, atentos e com um sentimento de amor, continuaremos a prestar apoio à consciência dessa pessoa.

Graças a depoimentos de pessoas que morreram e voltaram ao corpo em experiências de quase morte, sabemos que em muitos casos o falecido ainda "ouve" o que se passa. A consciência pode permanecer ativa e sensível, mesmo depois da morte.

Por exemplo, o choro agitado ainda pode ser "ouvido" e captado por quem faleceu, podendo ter impacto em sua consciência enquanto atravessa o bardo.

Se não puder evitar essa atitude, é melhor então sair do ambiente até se acalmar.

Os budistas deixam o corpo no local por algum tempo. Fazem isso para dar à consciência tempo de se ambientar com calma ao bardo, permitindo também que os sacerdotes budistas ou lamas rezem e orientem a consciência.

Os adeptos das escolas do budismo tibetano podem deixar o corpo no local até sete dias, de acordo com mapas astrológicos. Budistas da Terra Pura deixam o corpo de 12 até 24 horas em repouso. Os elementos específicos da prática diferem, mas a intenção geral de deixar o corpo repousar e a consciência prosseguir em paz é a mesma.

Dependendo das leis do país, às vezes não é possível deixar um corpo no mesmo local por muito tempo. É melhor planejar de antemão o que é praticável e possível. Muitos deixam o corpo em repouso por algumas horas. O período não é o fator principal; a maneira como o tempo é utilizado nesse período de repouso é o mais importante.

Enquanto o corpo descansa, pode-se rezar, recitar poesia e colocar uma música muito suave para tocar. Também é belo e tranquilizante acender lampiões ou velas. Pensamentos apaziguadores e alegres em relação ao falecido podem ajudar tanto o enlutado quanto quem morreu. Discursos, ações e pensamentos positivos depois da morte ajudam a consciência a se ambientar e a atravessar o bardo com calma.

É nossa oportunidade de desejar à pessoa querida paz em sua jornada, além de encorajar sua consciência a seguir com tranquilidade para a fase seguinte, que sucede a morte.

Dias ou semanas mais tarde, pode-se fazer uma celebração da vida do falecido. Alegrias e lágrimas se misturam em um evento comemorativo das coisas boas que aquela pessoa fez aos outros enquanto em vida.

Nas atividades comemorativas, podemos fazer uma doação a alguma causa importante para a pessoa que partiu, plantar uma árvore em homenagem a ela, ou, ainda, realizar uma Liberação de Vida.

Liberação de Vida é uma prática budista tradicional de salvar a vida de seres que estavam destinados ao sacrifício. Você pode, por exemplo, comprar qualquer animal que estava aguardando a morte – o peixes, grilos, gafanhotos – e depois libertá-lo em seu hábitat, livrando-o, assim, da morte.

Todas as atividades que trazem bem aos outros devem ser dedicadas à vida do falecido. Esse mérito ajudará a consciência dessa pessoa e melhorará seu karma enquanto ela navega pelo bardo, ou passa para a próxima fase depois da vida.

Capítulo 11

Conselhos Essenciais para Viver com Alegria e Morrer em Paz

Já que o modo como vivemos é também como morreremos, apresentamos essas reflexões para uma vida corajosa. Esperamos que sejam úteis e inspiradoras para o leitor.

Paz na mente

O que vemos, ouvimos e sentimos são reflexos da mente.

Se estivermos em um bom estado mental, ou seja, em um bom estado de espírito, podemos enxergar a beleza à nossa volta. Do contrário, tudo ao redor será insuficiente e escasso.

Quando compreendemos a mente, compreendemos tudo da vida.

Não podemos mudar os outros. Só podemos mudar nosso *self*.

Se quisermos paz na vida, precisaremos encontrar essa paz no *self*.

Aprenda a meditar para viver em paz e vivenciar a realidade sem ilusão.

A melhor maneira de se preparar para a morte é ter uma vida simples e aproveitá-la.

Quanto menos possuirmos, menos problemas enfrentaremos.

A busca por posses ou dinheiro não traz felicidade.

Desapegue-se de coisas materiais desnecessárias e de rancores fúteis.

Planejamento prático

Podemos nos preparar para a morte e demonstrar atenção por quem amamos colocando em ordem questões financeiras. Isso evita discórdias depois de nossa partida. Faça um testamento.

Converse com membros da família sobre o processo da morte a respeito de seus sentimentos, além do que gostaria que acontecesse quando chegar o momento.

Deixe por escrito como sua família e seus amigos podem ajudar no decorrer do processo da morte e depois dele.

Sucesso e valorização

O verdadeiro sucesso é ter paz em nossa casa e felicidade no coração. Aí, sim, é que somos pessoas bem-sucedidas de fato.

As pessoas mais ricas do mundo ainda procuram e compram coisas e empresas. Será que desfrutam a vida? Estão satisfeitas, ou querem comprar mais?

Podemos possuir bens materiais, mas o verdadeiro segredo é aproveitar o que temos agora.

Se somos ricos, isso é maravilhoso, porque podemos compartilhar e doar aos outros.

Muitas pessoas vivem em abundância. Precisam valorizar e desfrutar isso. Valorize o clima. Valorize sua família. Valorize a vida. Não importa se somos ricos ou pobres – aproveite.

Se quisermos ser felizes, precisamos nos acostumar a valorizar o que possuímos. Não devemos almejar ou sofrer por algo que não temos.

Quando valorizamos nossa vida, não há sofrimento.

Vida diária

Ao acordar, crie uma linda meditação para o dia. "Vou valorizar meu trabalho. Sou muito feliz por ter um local para dormir. Sou feliz por ter um emprego. Sou feliz por ter uma família."

Coma alimentos saudáveis. Exercite-se. Fale com seu médico ou nutricionista e descubra o que é melhor para você. Ouça seu corpo e aprenda o que é bom ou não para você.

Depressão ou ansiedade

Não tenha medo de buscar ajuda profissional, seja psicológica ou espiritual. Somos todos "obras em andamento", e a presença de um profissional por perto pode ser muito útil e reconfortante. Não sabemos tudo, nem temos condições de nos curar em todas as situações. Para isso existem os especialistas!

A vida e a morte são uma aventura.
Prepare-se e seja uma pessoa otimista.

Apêndice A

Práticas para Desenvolver Compaixão e Sabedoria

Como vimos no Capítulo 5, o desenvolvimento da compaixão e da sabedoria nos proporciona uma vida mais feliz, morrer em paz e um renascimento auspicioso. Eis algumas práticas adicionais para cultivarmos compaixão e sabedoria na vida.

Prática para desenvolver compaixão: Meditação da Bondade Amorosa

"Se quiser deixar os outros felizes, pratique a compaixão.

Ser quiser ser feliz, pratique a compaixão."

— SUA SANTIDADE, O 14º DALAI LAMA

Sente-se por alguns minutos em paz, com os olhos fechados, ou olhando para baixo, e observe a respiração enquanto inspira e expira o ar.

Respire com naturalidade, sem nenhuma modificação do processo.

Por alguns minutos, apenas acompanhe a respiração em seu estado mais natural, quando o ar entra pelas narinas.

Se perceber que se distraiu com pensamentos ou sons, não se preocupe; volte a observar a própria respiração.

Parte 1

Quando estiver em estado de tranquilidade, recite o verso seguinte três vezes, lentamente, com intenção e devoção:

Que eu seja feliz.

Que eu fique em paz.

Que eu fique livre de sofrimentos.

•

Agora perceba a respiração, como antes, por mais alguns momentos.

Parte 2

Pensando em uma pessoa querida ou um membro da família, recite o verso seguinte três vezes, preenchendo com o nome da pessoa, lentamente, com intenção e devoção:

Que [nome da pessoa] seja feliz.

Que [nome da pessoa] fique em paz.

Que [nome da pessoa] fique livre de sofrimentos.

Agora observe a respiração, como antes, por alguns momentos.

Parte 3

Pensando em algum desconhecido (por exemplo, o caixa de um supermercado, ou qualquer pessoa que não conheça bem), recite o verso seguinte três vezes e preencha com o nome da pessoa. Se não souber o nome, pode usar um título descritivo (por exemplo: atendente do banco):

Que [nome da pessoa] seja feliz.

Que [nome da pessoa] fique em paz.

Que [nome da pessoa] fique livre de sofrimentos.

Agora observe a respiração, como antes, por alguns momentos.

Parte 4

Lembre-se de alguém com quem tem dificuldade de se relacionar (por exemplo, alguém desagradável ou que considere irritante). Recite o verso seguinte três vezes e preencha com o nome da pessoa:

Que [nome da pessoa] seja feliz.
Que [nome da pessoa] fique em paz.
Que [nome da pessoa] fique livre de sofrimentos.

Agora acompanhe a respiração por alguns momentos mais uma vez.

Terminada a prática, transmita a um Ser Superior, ou a seu mestre, ou mesmo a seu eu superior, gratidão por ter a habilidade de praticar a compaixão por si e pelos outros.

A prática da Meditação da Bondade Amorosa talvez pareça simples, mas pode ser profundamente transformadora. É ensinada há séculos por professores budistas e funciona da seguinte maneira:

- Quando nos concentramos em nossa respiração, vivemos o momento.
- Quando vivemos o momento, quebramos o hábito de pensar no passado e no futuro.
- Quando ajudamos os outros, nos sentimos melhor.
- Quando ajudamos a nós mesmos, ficamos bem conosco.
- Estamos transformando o estado de espírito negativo em positivo.
- Isso nos treina para podermos mudar nosso estado de espírito com rapidez.
- Essa meditação reduz o apego à raiva ou a qualquer outro estado de espírito negativo.
- Permite que a mente seja mais maleável e nos mostra que os pensamentos e as emoções são efêmeros.

Prática para desenvolver sabedoria: Meditação da Observação

"Se quiser fazer uma torta de maçã do nada, precisa antes inventar o universo."

— CARL SAGAN, COSMÓLOGO

Podemos usar a meditação analítica para desenvolver uma sabedoria que nos ajude a compreender o "vazio de todos os fenômenos" e a realidade de nosso *self*.

O vazio de todos os fenômenos significa tão somente que nossa realidade é sempre mutável. Nada é sólido nem permanente.

Se entendermos isso e nos lembrarmos de que tudo está em constante mudança, conseguiremos reduzir o apego e a obsessão por aquilo que consideramos sólido e permanente: pessoas, lugares e experiências.

O apego e a obsessão são as causas do sofrimento.

Costumamos ver o *self* como algo sólido e permanente. Em decorrência disso, temos dificuldade em ser flexíveis e ver os outros e a nós mesmos com a mente aberta, sem julgamentos.

Nossa visão de quem somos é fixa; é nossa autoidentidade. Essa identidade é desenvolvida e fortalecida pelas histórias que contamos a nós mesmos acerca de quem pensamos que somos. E, quando acontece algo que ameaça essa visão, ficamos zangados, aborrecidos ou temerosos.

Quando compreendemos que estamos em constante mudança e que o *self* não existe em sentido permanente, podemos ser mais flexíveis com o modo de ver a nós mesmos, as outras pessoas, as circunstâncias e as expectativas. Podemos entender melhor as pessoas e as situações.

Percepção do vazio e da conexão

Sente-se por alguns minutos em paz, com os olhos fechados, ou olhando para baixo. Observe a respiração enquanto inspira e expira o ar.

Respire com naturalidade, sem nenhuma modificação do processo.

Por alguns minutos, apenas note a respiração em seu estado mais natural, quando o ar entra pelas narinas.

Se perceber que se distraiu com pensamentos ou sons, não se preocupe; volte a observar a própria respiração.

Mentalmente, veja uma mesa.

O objeto "mesa" é descrito pela palavra "mesa".

Essa mesa é composta de muitas partes: tampão, pernas, cola, pregos e verniz.

As pernas e o tampão são feitos de madeira de uma árvore. Antes de ser cortada, a árvore cresceu graças a muitas variáveis: luz do sol, sementes, terra e vento, para citarmos apenas algumas.

E, antes de ser uma árvore, ela era uma semente de outra árvore, e de outra antes dela. E quanto aos pregos e ao verniz? Tais itens também têm sua origem remota atribuída a pessoas, empresas e componentes envolvidos em sua produção.

E as pessoas que criaram os componentes também vieram ao mundo através de seus pais, e estes, dos pais deles.

Vemos agora que tudo à nossa volta, todos os fenômenos foram causados por algo que os precedeu e podem ser rastreados a uma época que se perde no tempo.

Da próxima vez, escolha outro objeto, lugar ou pessoa para vivenciar a mesma lógica. No decorrer do dia, observe tudo ao redor e aplique essa lógica.

Quando andar pelo ambiente de trabalho ou mesmo em casa, note que tudo é destituído de existência inerente. Tudo tem um nome que se refere a algo que se une por algum tempo.

O mestre zen Norman Fischer disse:

No fim, tudo é apenas uma designação: as coisas possuem uma espécie de realidade quando recebem um nome e um conceito, mas, fora isso, não existem da maneira que pensamos.

> Ou seja, a conexão é tudo o que encontramos, com nada que esteja conectado. [...] É a própria coesão da conexão, sem intervalos ou proeminências, apenas o constante nexo para onde quer que olhemos, que torna tudo vazio. Portanto, tudo é vazio e conectado, ou vazio justamente por ser conectado. O vazio é a conexão.

Nenhum *self* sólido

Sente-se por alguns minutos em paz, com os olhos fechados, ou olhando para baixo. Observe a respiração enquanto inspira e expira o ar.

Respire com naturalidade, sem nenhuma modificação do processo.

Por alguns minutos, apenas acompanhe a respiração em seu estado mais natural, quando o ar entra pelas narinas.

Se perceber que se distraiu com pensamentos ou sons, não se preocupe; volte a observar a própria respiração.

Leia e reflita nas perguntas a seguir, uma de cada vez:

- Você pode identificar e definir o *self*? Onde ele está? Consegue mostrá-lo a alguém? Ele é fixo? É permanente?

Feche os olhos e reflita por alguns minutos.

- As opiniões e as visões que você tem de si mesmo agora diferem das de ontem ou das de um ano atrás?

Feche os olhos e reflita por alguns minutos.

- E quanto às outras pessoas? Estão crescendo, morrendo e mudando ao longo do caminho? Será que a opinião, a visão e a motivação delas também mudaram?

Feche os olhos e reflita por alguns minutos.

- Lembre-se de que mudamos sempre, e a visão que temos do *self* e dos outros se baseia em uma ilusão de permanência. A ilusão é que nossa visão e tudo ao redor são coisas sólidas e permanentes. Isso não é verdade.

Feche os olhos e reflita por alguns minutos.

- Todos os pensamentos, visões, sentimentos, opiniões, motivação e julgamentos, sejam eles nossos ou de outras pessoas, são passíveis de mudanças, de um momento para o outro. Portanto, seria uma tolice julgar a motivação de alguém, ou, então, confiar com absoluta certeza em nossa própria visão. À medida que refletimos nisso, começamos a perceber que a "realidade" não é o que pensamos. É algo com mais nuances, sempre mutável, e mais ilusória do que achávamos. Podemos ter a mente mais aberta à visão das pessoas que nos cercam e ser mais compassivos com nosso *self* e o dos demais.

Feche os olhos e reflita por alguns minutos.
Que todos os seres recebam esse benefício.

Apêndice B

O Livro Tibetano dos Mortos – um resumo

O *Livro Tibetano dos Mortos*, elaborado no século VIII pelo grande mestre budista Padmasambhava, descreve instruções que um lama budista qualificado usa para guiar o adepto budista prestes a morrer à libertação, ou pela travessia dos bardos (os estados pós-morte de consciência), até um renascimento auspicioso.

Essas instruções também devem ser seguidas enquanto estivermos vivos e saudáveis, como parte da prática budista diária. Elas nos preparam para lidar com a morte e os bardos, e são um mapa para a libertação.

Na língua do Tibete, O *Livro Tibetano dos Mortos* é chamado *Bardo Thodöl*. A tradução direta de *Bardo Thodöl* é *Liberação por Meio da Audição no Estado Intermediário*.

Por que audição?

Os lamas budistas qualificados orientam quem está prestes a morrer com sussurros ou entoando de maneira melodiosa preces ou visualizações em seu ouvido.

O lama tem experiência de muitos anos, ou mesmo de muitas vidas, com essas práticas esotéricas, poderosas e eficazes. De preferência, a pessoa prestes a morrer, por sua vez, também já deve ter praticado essas preces e visualizações a vida toda e, o mais importante, desenvolveu grande confiança e devoção pelo lama, que costuma ser seu mestre budista.

O lama tem motivação para ajudar a reduzir o sofrimento dos seres sencientes. Com esse objetivo em mente, ele guia quem estiver próximo da morte à libertação, ou ao renascimento.

O *Livro Tibetano dos Mortos* é lido ou recitado pelo lama, às vezes na companhia de monges que vêm dar apoio a quem está para morrer. Entre as práticas estão:

- a descrição dos seis bardos que compõem o ciclo de nascimento, vida e morte;
- a introdução à natureza suprema de nossa mente. Essa expressão pode ser descrita como natureza do Buda, o aspecto primordial de todos os seres sencientes. Outras descrições são a percepção do vazio de todos os fenômenos, ou a mente primordial e radiante (plena consciência). Na

obra *The Great Medicine That Conquers Clinging to the Notion of Reality: Steps in Meditation on the Enlightened Mind*, Shechem Rabjam (1871-1926), um dos principais baluartes do budismo tibetano, descreve a natureza do Buda assim: "A natureza do Buda é imaculada. É profunda, serena, autêntica, uma luminosidade ininterrupta; sem origem, incessante; paz primordial, o nirvana espontaneamente presente";

- atividade para que a pessoa prestes a morrer se dê conta dos diversos aspectos de sua mente;
- vivência para ajudá-la a reconhecer que tudo o que vê e experimenta é um reflexo da mente;
- vivência de prostração, com prostrações realizadas enquanto são visualizadas divindades budistas (emanações de seres iluminados) diante da pessoa. A visualização dessas divindades e a devoção a elas permitem ao praticante purificar seu karma por meio da confissão e da manifestação de arrependimento pelos hábitos negativos mantidos no decorrer da vida;
- vivência de prece em que a pessoa à beira da morte confessa seu karma negativo e decide não repetir as ações que o causaram;

- a descrição de como e quando o corpo se deteriora ao se aproximar da morte. Isso permite que o lama budista qualificado oriente a pessoa nas práticas descritas aqui com base nos estágios da morte que forem surgindo;
- vivência que transfere a consciência (karma negativo) para um Ser Superior quando a pessoa morrer. Ao reduzir ou eliminar o karma negativo, quem está próximo da morte pode atravessar o bardo até o renascimento sem o peso desse tipo de karma;
- protocolo em que o lama pode liberar quem estiver prestes a morrer do sofrimento que todos os seres vivenciam quando passam pelo ciclo da existência (ou seja, nascimento, vida e morte);
- vivências de visualização e recitação que ajudam a pessoa perto da morte a fundir a própria mente com a mente da iluminação;
- preces de proteção em que a pessoa expressa sua devoção às Três Joias do Budismo: o Buda, o *Dharma* e o Sanga;
- preces de proteção em que a pessoa expressa sua devoção aos Budas e *Bodhisattvas*.

Para os praticantes budistas tradicionais das linhagens tibetanas, essas preces e esses protocolos são entoados a quem está prestes a morrer durante várias semanas, conforme a pessoa passa pelo Bardo da Morte e pelo Bardo da Luminosidade.

Que todos os seres recebam esse benefício.

Referências

Livros

The Five Invitations: Discovering What Death Can Teach Us About Living Fully, de Frank Ostaseski.

How We Live is How We Die, de Pema Chödrön.

Graceful Exits: How Great Beings Die, de Sushila Blackman.

Preparing to Die, de Andrew Holecek.

Peaceful Death, Joyful Rebirth, de Tulku Thondup.

Filmes

O *Feitiço do Tempo* (direção de Harold Ramis, 1993).

O *Sexto Sentido* (direção de M. Night Shyamalan, 1999).

Um Visto para o Céu (direção de Albert Brooks, 1991).

Ghost – do Outro Lado da Vida (direção de Jerry Zucker, 1990).

O *Universo no Olhar* (direção de Mike Cahill, 2014).

Meditação

Meditation Pro Series, de Mordy Levine (Spotify).

Insight Timer (*app*).

Ten Percent Happier (*app*).

Pensamentos sobre renascimento

A Faculdade de Medicina da Universidade da Virginia (Divisão de Estudos Perceptuais) documentou cientificamente mais de 2.500 casos de crianças de famílias de todas as religiões que se lembravam de vidas passadas com riqueza de detalhes. Os cientistas e pesquisadores da faculdade são encarregados de identificar e validar quaisquer relatos de renascimento e reencarnação. Mais detalhes disponíveis em: med.virginia.edu/perceptual-studies.

"The Buddhist Teachings on Rebirth", *Lion's Roar Magazine*, 12 de maio de 2018. Disponível em: lionsroar.com/just-more-of-the-same.

Sam Littlefair, "Do You Only Live Once? The Evidence for Rebirth", *Lion's Roar Magazine*, 11 de maio de 2018. Disponível em: lionsroar.com/do-you-only-live-once.

Sobre os Autores

Lama Lhanang

O venerável lama Lhanang Rinpoche nasceu em Golok, Amdo, no nordeste do Tibete. Quando criança, entrou para o mosteiro Thubten Chokor Ling, localizado na região de Gadê, Golok, sob a tutela de seu professor raiz, Kyabye Orgyen Kusum Lingpa. No mosteiro, além de desenvolver uma educação monástica completa, ele foi treinado na linha yogue de Anu Yoga.

O mosteiro Sang Long o reconheceu como a reencarnação de Khen Rinpoche Damcho, a emanação de Nubchen Namke Nyingpo, um dos 25 discípulos do guru Rinpoche.

Ele recebeu ensinamentos de numerosos mestres de diferentes escolas e linhagens do budismo tibetano, como de Sua Santidade, o 14º Dalai Lama, do 4º Dodrupchen Rinpoche e de Kyabye Katok Getse Rinpoche, entre outros.

O lama Lhanang Rinpoche é professor de budismo vajrayana, da escola Nyingma, de linhagem Longchen Nyingthig. Além das instruções budistas, ele estudou História, astrologia, gramática, Medicina tibetana, pintura, escultura, música e teatro. Toda essa bagagem lhe deu base para compartilhar ensinamentos sobre o uso apropriado do corpo, da palavra e da mente, com o lema: *A paz mundial por intermédio da paz interior*.

Sua vida no Ocidente também foi dedicada a compartilhar os ensinamentos do Buda por meio da pintura, na qual expõe sua relação com a vida diária, onde quer que ele esteja no mundo.

Ele mora atualmente em San Diego, Califórnia, com a família. É diretor do Jigme Lingpa Center, além de compartilhar seus conhecimentos em outros centros, nos Estados Unidos, no Canadá, na Europa e no México.

Mordy Levine

Mordy Levine é praticante budista há mais de quarenta anos. É o criador da *Meditation Pro Series*, que ensina meditação para diversas condições que afetam a civilização ocidental, por exemplo, estresse, insônia, problemas com peso, tabagismo. Até hoje, mais de 250 pessoas aprenderam a meditar com sua série de programas de meditação. Mordy é presidente do Jigme Lingpa Center, uma organização sem fins lucrativos dirigida pelo lama Lhanang Rinpoche. A meta do centro é gerar benefícios a todos os seres por meio da disseminação dos ensinamentos de sabedoria e compaixão do Buda, com o intuito de alcançar um futuro sustentável de paz e harmonia para todos. Mordy pratica yoga e artes marciais há quarenta anos, quase todos os dias. Também medita diariamente e possui certificados de instrutor de karatê, Tai Chin e yoga.

Ele se formou na Universidade Brandeis com um BA (Bachelor of the Arts). Frequentou a Faculdade de Administração da Universidade de Chicago e lá obteve seu MBA (Masters of Business Administration).

Ele e a esposa, Elizabeth, têm um filho e moram no Rancho Santa Fé, com vários cães.